Krieg um Sexten

Knoten
2202
2008
1757
Obslanz
Hpt. Schörg
1533
Gatter Sp.
2432
Wasserfall
2005
2399
2794
OBSTANS
2549
2426
2609
2300
Obstanser S.
Hinter A.
2547
2696
Cima dei Frugnoni
Passo Silvella
2624
2332
R. Silvella
Mt. Quaterna
Casera di Silvella
1827
2090

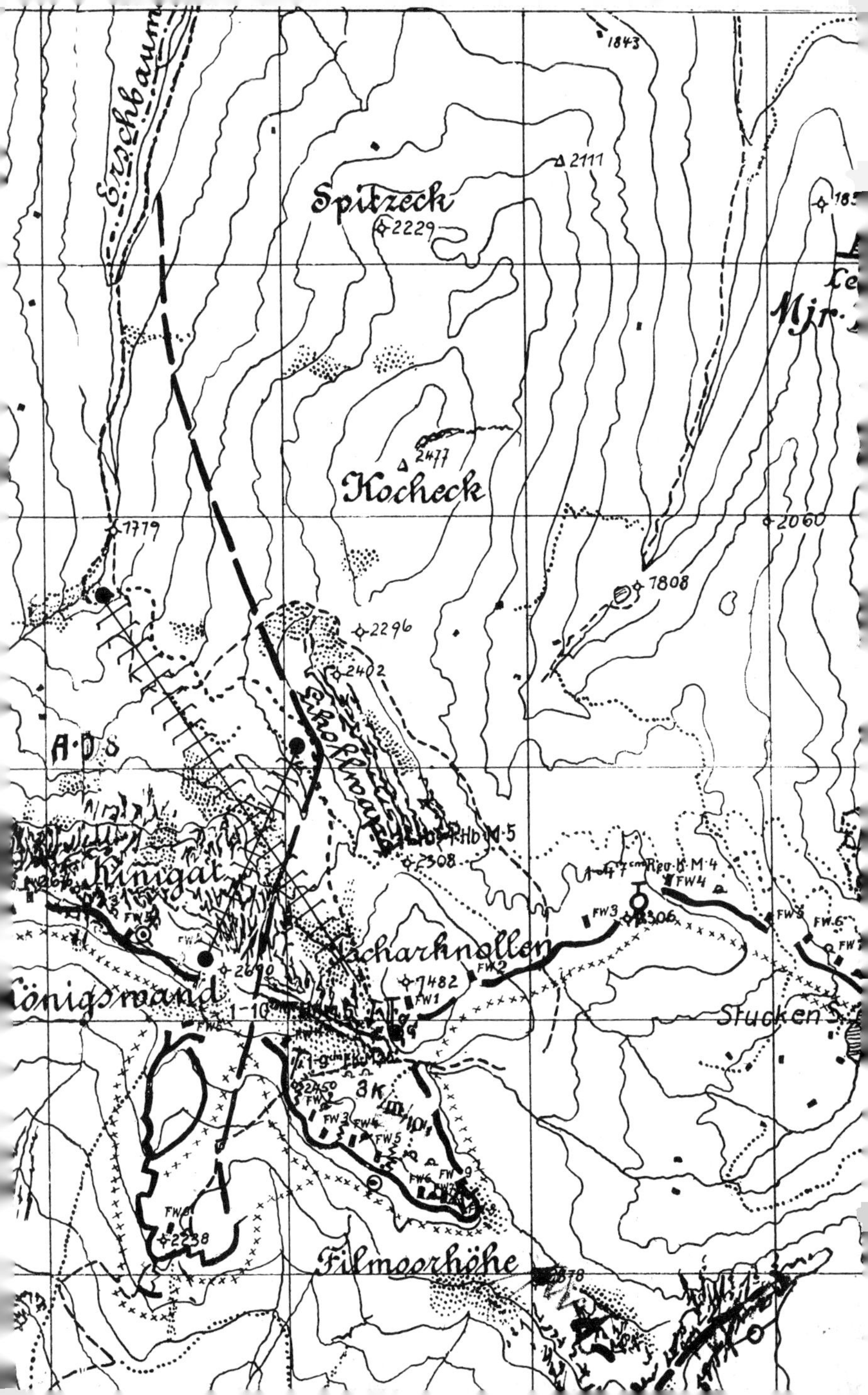

Erschbaum
1843
Spitzeck
2229
2111
Kocheck
2477
1779
1808
2060
2296
2402
A.D.8
RHb.M.5
2308
Kinigat
Scharknollen
2306
FW1
FW2
FW3
FW4
FW5
FW6
7482
Königswand
Stucken
3K
2450
2238
Filmoorhöhe

Umschlagbilder:

vorne: Morgengrauen in den Sextner Dolomiten (Aufnahme Josef Reider)

hinten: Abfeuern einer schweren Feldhaubitze in der Stellung oberhalb Moos (Aufnahme Hptm. Rose)

1988

Umschlaggestaltung: Roland Prünster, Bozen
Gesamtherstellung: ATHESIADRUCK, Bozen
ISBN 88-7014-434-8

Peter Kübler
Hugo Reider

Krieg um Sexten

Die westlichen Karnischen Alpen
und das Kreuzberggebiet im Ersten Weltkrieg
mit Tourenbeschreibungen für heute

Zweite Auflage

VERLAGSANSTALT ATHESIA - BOZEN

Geschichte

Einleitung

Die habsburgische Monarchie war ab 1867 ein Doppelstaat, bestehend aus den beiden konstitutionellen Monarchien Österreich und Ungarn sowie deren Nebenländern. Größtes Problem dieses Vielvölkerstaates war der aufkeimende Nationalismus, der vor allem auf dem Balkan bedrohliche Formen annahm.

Am 28. Juni 1914 fand das Attentat auf den österreichischen Thronfolger Erzherzog Franz Ferdinand in Sarajewo statt.

Österreich forderte nun ultimativ, auf serbischem Hoheitsgebiet eigene Polizeikräfte gegen die antiösterreichischen Kräfte einsetzen zu können, was die serbische Regierung strikt ablehnte. Daraufhin erklärte Österreich nach langem Zögern am 28. Juli 1914 Serbien den Krieg.

Dabei ging es für Österreich-Ungarn in erster Linie darum, sein sinkendes Prestige bei den Balkanvölkern und in den eigenen Nationen durch einen militärischen Stärkebeweis anzuheben. Auf etwaige den Krieg ausweitende Bündnisverpflichtungen wurde dabei nicht geachtet, vor allem, weil die deutsche Regierung die Kriegsabsichten unterstützte.

Wie sahen nun diese Bündnisverpflichtungen aus?

Zur Beantwortung dieser Frage ist es notwendig, in der Vorgeschichte des Ersten Weltkrieges etwas auszuholen:

Nach der Gründung des Deutschen Reiches 1871 und dem Sieg über Frankreich ging es Bismarck darum, die aufstrebende Großmacht durch eine vielseitige Bündnispolitik abzusichern. Dazu vermittelte er 1873 ein Abkommen, in dem sich der österreichische, der russische und der deutsche Kaiser im Falle eines Angriffes von außen zur gegenseitigen Verständigung verpflichteten. 1881 kam es zum Dreikaiserbund, einem geheimen Abkommen, in dem sich die drei Mächte die wohlwollende Neutralität im Falle des Krieges mit einer anderen Macht versprachen.

1879 hatte Bismarck, parallel dazu, mit Österreich ein geheimes Verteidigungsbündnis geschlossen, den sogenannten „Zweibund". Zu diesem Zweibund stieß 1882 Italien, das wegen der Kolonialpolitik Frankreichs Anschluß an dessen Gegner suchte. Dabei waren sich die beteiligten Mächte einig darin, sich gegen Frankreich beizustehen, falls dieses Deutschland oder Italien unprovoziert angreifen sollte. Eine

Geschützstellung Hahnspiel mit 12-cm-M80-Kanone; im Hintergrund die Berge der Sextner Dolomiten vom Einser über Altenstein zur Dreischusterspitze

Beistandspflicht bestand zusätzlich im Falle eines Kriegszustandes eines Vertragspartners mit zwei oder mehreren Mächten.

1887 schloß Bismarck den geheimen deutsch-russischen Rückversicherungsvertrag, der beide Mächte im Falle eines Krieges zu gegenseitiger wohlwollender Neutralität zwang. Dieser Vertrag wurde 1890 nicht verlängert, dafür gingen Rußland und Frankreich 1892 den russisch-französischen Zweibund ein.

Nach dem Rücktritt Bismarcks im Jahre 1890 begann sich also das europäische Gleichgewicht in Richtung auf eine Zwei-Block-Bildung zu verändern: 1904 wurde die „Entente Cordiale“ zwischen Frankreich und England geschlossen, 1907 kam es zur sogenannten „Triple-Entente“ zwischen Frankreich, Rußland und England.

Nach der Kriegserklärung Österreichs an Serbien verfügte dessen Schutzmacht Rußland am 30. Juli 1914 die Generalmobilmachung, die vom Deutschen Reich am 1. August 1914 mit der Kriegserklärung beantwortet wurde.

Gruppenbild der Gendarmerie-Wach-Assistenz vor der Handlung des Anton Holzer in Moos im Jahre 1914

Am 3. August erfolgten die Kriegserklärung Deutschlands an Frankreich und der Einmarsch in Belgien. Belgiens Garantiemacht England trat daraufhin am 4. August 1914 ebenfalls in den Krieg ein.

Um die jetzt noch nicht in den Krieg verwickelten Parteien wurde nun auf diplomatischer Ebene zäh gerungen. Dabei ging es vor allem um Italien.

Die folgenden Ereignisse werden leichter verständlich, wenn wir die damalige innenpolitische Lage in Italien näher beleuchten.

In dem jungen Nationalstaat war es 1914 noch völlig offen, auf welcher Seite und ob überhaupt eine Beteiligung an diesem Krieg erfolgen sollte. Politisch war das Land geteilt in Kriegsgegner einerseits und nationalistische und irredentistische Kräfte andererseits. Militärisch gesehen waren aufgrund der bestehenden Verträge Vorbereitungen getroffen, an der Seite Österreichs in den Krieg einzutreten; sämtliche Pläne hierfür lagen bereit.

Die damalige italienische Regierung neigte dazu, die herrschenden Verhältnisse möglichst gewinnbringend auszuwerten. Sie ließ über die nationalistischen Strömungen in der Gesellschaft die Stimmung im Land aufheizen und die österreichischen Aktivitäten auf dem Balkan als Vertragsbruch darstellen.

Mit dem Hinweis auf den defensiven Charakter des Dreibundes, ein Angriff auf Österreich war ja nicht erfolgt, erklärte Italien am 2. August 1914 seine „wohlwollende Neutralität". Unmittelbar darauf nahm Italien hinter dem Rücken Österreichs Verhandlungen mit Rußland und England auf.

Gleichzeitig liefen Scheinunterredungen mit Österreich über die Gegenleistungen für die Beibehaltung der Neutralität, wobei die Italiener die Forderungen gezielt steigerten. Selbst die großzügigsten Versprechungen, nämlich die Abtretung sämtlicher von Italien beanspruchter Gebiete außer Südtirol, konnten die italienische Regierung von ihrem einmal eingeschlagenen Weg nicht mehr abbringen. Am 26. April 1915 wurde zwischen Frankreich, Rußland, England und Italien der Londoner Vertrag abgeschlossen. Italien verpflichtete sich, binnen Monatsfrist in den Krieg einzutreten, und erhielt dafür das Trentino und Südtirol bis zum Brenner zugesprochen.

Hindernisse der „Intervallstellung" (Talstellung zwischen dem Fort Haideck und Mitterberg); im Hintergrund der Ort Moos

Um Gesetzeskraft zu erlangen, mußte der Londoner Vertrag nun noch das italienische Parlament passieren. Der parlamentarische Erfolg der Kriegsbefürworter am 20. Mai 1915 wäre ohne die Aktivitäten gewandter Demagogen wie Mussolini und d'Annunzio nicht denkbar gewesen. Männer wie diese hetzten mit Unterstützung durch die Medien gegen die Kriegsgegner, die mit 300 Abgeordneten und 100 Senatoren immerhin nahezu die Hälfte des Parlaments auf ihrer Seite hatten!

Nur drei Tage nach ihrer Ermächtigung durch das Parlament beschloß die Regierung am 23. Mai 1915 die Kriegserklärung an Österreich.

Fliegeraufnahme von Hornischeck und Helm

Die eingesetzten Truppen

ÖSTERREICH

Die KAISERJÄGER

Am 17. Mai 1815 ordnete Kaiser Franz I. die Errichtung eines Kaiserjägerregiments in Tirol und Vorarlberg an. Dieses Regiment war Teil des stehenden Heeres der Donaumonarchie. Bis zum Jahre 1895 wuchs es auf eine Stärke von 18 Bataillonen an, wurde aber dann in vier Regimenter umgegliedert. Zu Beginn des Ersten Weltkrieges zunächst an die Ostfront befohlen, kam ein Teil der noch intakten Kaiserjägerformationen im Herbst 1915 an der Tiroler Front zum Einsatz, wo hauptsächlich die Truppen des Deutschen Alpenkorps abgelöst wurden.

Die LANDESSCHÜTZEN (später „Kaiserschützen")

Die Landesverteidigungs- und Schießstandordnung von 1863 ist als der Ursprung der Landesschützen zu sehen. 1871 wurden die Landesschützen reguläre Truppen der k. k. Landwehr, gegliedert in zehn Bataillone und zwei Kompanien zu Pferde. Die 1893 in drei Regimenter zusammengefaßten Bataillone bestanden jedoch nur zu etwa einem Drittel aus Tirolern, der Rest waren Tschechen, Slowenen, Steirer, Ober- und Niederösterreicher. Um das spezifisch Tirolerische dieser Truppen wiederzubeleben, wurden die Landesschützen 1901 auf zwei Regimenter reduziert. 1906 erfolgte die Umorganisation zur Hochgebirgstruppe. Aufgrund der zahlreichen Freiwilligenbewerbungen konnte 1909 wieder ein drittes Regiment aufgestellt werden. Die Regimenter hießen nun: k. k. Tiroler Landesschützenregiment TRIENT Nr. I, BOZEN Nr. II und INNICHEN Nr. III. Auch die Landesschützenregimenter wurden zu Kriegsbeginn außerhalb Tirols eingesetzt; lediglich die nun aufgestellten Marschbataillone, die eigentlich die Aufgabe hatten, die Feldbataillone bei Bedarf aufzufüllen, verblieben in Tiroler Garnisonen und wurden bei Kriegseintritt Italiens geschlossen eingesetzt. Aufgrund ihrer besonderen Verdienste erhielten die Landesschützen von Kaiser Karl im Jahre 1917 den Ehrentitel „Kaiserschützen".

Schwere Feldhaubitze (sFH) 13 in splitter- bzw. schrapnellsicherer Deckung an der Kreuzbergstraße. Im Hintergrund die Dörfer Moos und Sexten

Unterkunftsbaracken auf Tonrast, unterhalb von Hornischeck

Der LANDSTURM

Der Landsturm setzte sich aus den Schützen zwischen dem 33. und dem 42. Lebensjahr zusammen. Er wurde bereits am 1. August 1914 aufgeboten. Das Hauptkontingent des Tiroler Landsturms bestand aus den zwei Landsturm-Infanterieregimentern INNSBRUCK Nr. 1 und IMST Nr. 2, die sich aus dem Landsturmbezirk I (Innsbruck) rekrutierten.

Obwohl die Landsturm-Infanterieregimenter ursprünglich nur für die Sicherung der Tiroler Grenze vorgesehen waren, kamen sie wegen des Mangels an Truppen schon 1914 am östlichen Kriegsschauplatz zum Einsatz. Dort hatten sie zum Teil schreckliche Verluste, so daß sie später nur mehr als „Landsturmbataillone" an der Gebirgsfront eingesetzt werden konnten.

Die STANDSCHÜTZEN

Die Tradition der Standschützenformationen reicht bis ins 14. Jahrhundert zurück; zu einer Zeit, als es noch keine stehenden Heere im heutigen Sinne gab, war die Aufstellung von Truppen in Krisenzeiten eine existentielle Frage. Im „Landlibell" vom 23. Juni 1511 sind die ersten rechtlichen Grundlagen für das Standschützenwesen fixiert: Jeder Gerichtsbezirk hatte in Kriegszeiten je nach Bedrohung eine Anzahl von wehrtüchtigen Männern zu stellen. Durch die „Zuzugs- und Defensionsordnungen" im Laufe der Jahrhunderte an die geänderten Verhältnisse angepaßt, spielten die Standschützen letztmals im Aufstand von 1809 eine entscheidende Rolle.

Mit Wirkung vom 25. Mai 1913 wurden die Schießstände zu militärischen Körperschaften und damit Teil des Landsturms. Als Kaiser Franz Josef I. am 18. Mai 1915 die Mobilisierung der Standschützen befahl, waren von diesen nur noch die ganz frühen und die ganz späten Jahrgänge verfügbar, weil die dienstpflichtigen Jahrgänge bereits an den Fronten kämpften. Diesem letzten Aufgebot wurde noch bei der Mobilisierung der Einsatz in „betonierten Stellungen der zweiten Linie" versprochen. Der erfolgreiche Einsatz in exponierten und taktisch äußerst gefährdeten Abschnitten der Hochgebirgsfront stand zu diesem Versprechen, mit dem wohl auch noch „die letzten" zum Wehrdienst gelockt werden sollten, in krassem Gegensatz.

Die „RAINER"

Das als Eliteverband bekannte Infanterieregiment „Erzherzog Rainer" Nr. 59 setzte sich traditionell aus Salzburgern und Oberösterreichern zusammen und wurde vor allem am östlichen Kriegsschauplatz eingesetzt. Sein X. Marschbataillon, aufgestellt bei Kriegsbeginn, war einer der wenigen feldmarschmäßig ausgerüsteten Verbände, die sofort nach der italienischen Kriegserklärung an der Dolomitenfront zur Verteidigung eingesetzt werden konnten.

Die „TRACHOMEINHEITEN"

Die Trachomeinheiten haben ihre Entstehung einer äußerst ansteckenden infektiösen Augenkrankheit zu verdanken, die auch bekannt ist als „Ägyptische Augenkrankheit" oder „Körnerkrankheit". Diese Seuche war im Ersten Weltkrieg weit verbreitet und brachte durch die enorme Ansteckungsgefahr vor allem organisatorische Probleme mit sich. Da die von der Krankheit befallenen Soldaten oft noch diensttauglich waren, jedoch wegen der Ansteckungsgefahr nicht zusammen mit

Kreuzbergsattel und Cima dei Collesei mit italienischen Stellungen. Im Hintergrund Hochbrunnerschneid, Elfer und Sextner Rotwand

Gesunden eingesetzt werden konnten, wurden sie zunächst in Kompanien, später auch in Bataillonen zusammengefaßt und fanden an weniger gefährdeten Frontabschnitten Verwendung.

DEUTSCHLAND

Die „LEIBER"

Als „Leiber" wurden die Angehörigen des Königlich-Bayerischen Infanterieleibregiments volkstümlich bezeichnet. Dieses Regiment war Teil des DEUTSCHEN ALPENKORPS, einem vom Deutschen Reich aufgestellten Verband in Stärke einer Division, der die Aufgabe hatte, die österreichischen Verteidigungstruppen an der Südwestfront zu unterstützen und ein Vordringen der Italiener nach Oberbayern zu verhindern, bis genügend österreichische Truppen zur Verfügung standen.

Ursprünglich sollten die deutschen Soldaten nicht direkt in das Kampfgeschehen eingreifen, da Deutschland und Italien sich nicht im Kriegszustand befanden. Als jedoch im Juni 1915 die schweren Angriffe der Italiener einsetzten, waren die Verteidigungslinien bald nur noch mit Hilfe der Deutschen zu halten.

Die „BATTERIE ROSE"

Schon bald nach ihrem ersten Einsatz wurde die „Königlich-Preußische Fußartilleriebatterie Nr. 102" von der Fronttruppe kurz und prägnant in „Batterie Rose" umgetauft. Diese Batterie war mit weittragenden 10-cm-Haubitzen ausgerüstet und war für damalige Verhältnisse äußerst beweglich. Hauptmann Rose, ihr Kommandant, setzte sich über die zu jener Zeit gültigen Grundsätze des Artillerieeinsatzes hinweg, teilte seine Batterie in Einzelgeschütze auf und ließ sie unabhängig operieren. Durch oftmaligen Stellungswechsel gelang es, die italienischen Beobachter eindrucksvoll zu täuschen: Da jede auf österreichischer Seite erkannte Feuerstellung sorgsam in den Karten vermerkt wurde, entstand bei der italienischen Führung bald der Eindruck, es mit einer Übermacht an Artillerie zu tun zu haben, was sie vor einem schnellen Angriff zu Beginn des Krieges zurückschrecken ließ.

Toblach 1916. Volltreffer in einen Personenzug

Transport „abgestürzter Gemsen". Durch die Kugel eines Jägers erlegtes Wild mußte — nach stundenlangem Marsch — hinten bei der Etappe abgeliefert werden. Abgestürztes und verendetes Wild wagte man aber einem hohen Etappengeneral nicht anzubieten.

Deutscher Artilleriebeobachter auf Pfandleck. Hinten rechts erkenntlich Col Quaterná

ITALIEN

Die „ALPINI“

Die „Alpini“ sind Angehörige der speziellen Hochgebirgstruppen der Italiener. Diese Truppe, seit 1872 aus Alpenbewohnern gebildet und gezielt auf den Gebirgseinsatz trainiert, wurde an den Brennpunkten der Dolomitenfront eingesetzt und hatte vor allem bei den oftmals so sinnlosen Massenangriffen fürchterliche Verluste. Im Gegensatz zu den anderen, aus dem Süden Italiens stammenden Einheiten und Verbänden, standen diese Truppen den besten österreichischen Gebirgsformationen in nichts nach.

Die „BERSAGLIERI“

Schon vor der Einigung Italiens gegründet, zeichnete sich diese Truppe vor allem in den Unabhängigkeitskämpfen aus. Danach wurden die Bersaglieri als die Elitetruppe schlechthin angesehen; ihre farbenfrohen und fanfarenumklungenen Aufmärsche lassen das Herz jedes Italieners höher schlagen.

Im Ersten Weltkrieg hatten die Bersaglieri-Einheiten ca. 210.000 Mann in ihren Reihen, unterteilt in sieben Brigaden, zwei Spezialdivisionen und einige unabhängige Bataillone, die an die verschiedensten Brennpunkte geworfen wurden.

Auch im Raum Kreuzberg waren die Bersaglieri da zu finden, wo es am heißesten zuging: das V. Bataillon in den Angriffswellen gegen die Königswand und das XLVIII. Bataillon in den Stellungsgräben des Seikofels.

Die „FINANZIERI"

Die Einheiten dieser Zoll- und Finanzwache hatten schon vor der Einigung Italiens die Aufgabe, die Staatsgrenze in steuerlicher und auch militärischer Hinsicht zu bewachen. Das Korps der Finanzieri war Teil der italienischen Streitmacht und konnte deswegen wie jeder andere italienische Truppenteil eingesetzt werden.

Das XVI. Bataillon der sogenannten „Gelben Flammen" („fiamme gialle" werden die Finanzieri im italienischen Volksmund genannt) nahm an den Kämpfen um die Porze und im Val Digon teil.

Die „FANTI"

Als „Fanti" wurden die normalen Infanterieeinheiten des italienischen Heeres bezeichnet. Diese hatten ihre Heimatstandorte nicht nur in den Städten Norditaliens, sondern auch in Mittel- und Süditalien. Ihr Einsatz in den Hochgebirgsregionen der Alpen zeigte bald, daß sie den ungewohnten Gelände- und Witterungsverhältnissen nicht gewachsen waren. Hinzu kam, daß diese Infanteristen aufgrund ihres geringen Prestiges auch in der Zuweisung von Versorgungsgütern, vor allem gebirgstauglicher Kleidung, benachteiligt wurden.

All diese Umstände trugen nicht gerade zur Motivation des einzelnen Soldaten in den betroffenen Einheiten bei, und es wird verständlich, daß es gerade in diesen Bereichen des italienischen Heeres zu Befehlsverweigerungen und Meutereien kam.

Winklerjochabschnitt. Frugnoni, Kote 2547. Im Vordergrund Hptm. von Sersawy

Die Lage bei Kriegsbeginn

Für die Beurteilung der Lage bei Kriegsbeginn ist die Betrachtung der sehr unterschiedlichen Grenzschutzvorbereitungen und -maßnahmen erforderlich. Während auf italienischer Seite die Kriegsvorbereitungen doch recht offensichtlich waren, hielten sich die Österreicher mit Rücksicht auf die noch laufenden Verhandlungen zurück.

Bereits seit August 1914 verstärkten die Italiener die Sicherungstruppen an der Tiroler Grenze, die in der Folgezeit laufend verstärkt wurden. Auch die Arbeiten an Grenzschutzbauwerken wurden vorangetrieben. Im April 1915 hatten die italienischen Truppen an der Grenze bereits eine Stärke von ca. 140.000 Mann erreicht.

Am 26. April 1915, dem Tage der Unterzeichnung des Londoner Vertrages, wurde die geheime Mobilmachung von acht Korps angeordnet, der bis 18. Mai 1915 die Aufbietung der restlichen sechs italienischen Korps folgte. Nach der Kündigung des Dreibundvertrages (Deutschland-Österreich-Italien) am 4. Mai 1915 begannen die mobilisierten Verbände, in ihre Einsatzräume abzumarschieren.

Österreichs Ausgangslage war also von vornherein schwieriger. Durch die Bindung fast aller verfügbaren Truppen an der russischen und serbischen Front waren die Grenzschutzvorbereitungen an dieser neuen Südwestfront sehr unzureichend. Die Verteidigungslinie war

Bärenbadeckstellung im Sommer 1915

baulich gesehen in einem desolaten Zustand. An bereits bestehenden Anlagen waren nur die veralteten Sperrforts vorhanden. Ab Februar 1915 erfolgte die Aufstellung von drei Divisionen, die, in sehr lockere Verbände gegliedert, die Tiroler Grenze zu verteidigen hatten.

An der Dolomitenfront, nämlich im Bereich des Subrayons V, standen zwischen Pordoijoch und Kärntner Grenze lediglich drei Marschbataillone (X./Ir 59, X./LSch III, X./1. TKJ), zwei Landsturmbataillone (165 und 167), ein ungarisches Reservebataillon (III./IR 29), zehn Standschützenbataillone (teilweise nur in Kompaniestärke) und unbedeutende Gendarmerie- und Wachabteilungen. Diese Truppen waren größtenteils wenig oder schlecht ausgebildet und deshalb im militärischen Sinne nicht vollwertig. An der für die Verteidigung so wichtigen Artillerie fehlte es fast gänzlich. Die veralteten, aus den Sperrforts ausgebauten und in provisorischen Feldstellungen installierten Festungsgeschütze entsprachen weder in der Feuerkraft noch in ihrer Mobilität den Erfordernissen.

Ein weiterer wichtiger Nachteil der österreichischen Truppen bestand darin, daß die Versorgungs- und Verbindungswege zu ihren

Höhenstellungen meist nordseitig verliefen. Ganz abgesehen von der erhöhten Lawinengefahr in den Zugangstälern bedeutete dieser Umstand, daß von Mitte November bis in den Sommer hinein winterliche Verhältnisse herrschten. Im Gegensatz dazu verfügten die Italiener schon früh im Jahr über eine ausgeaperte und gut gangbare Infrastruktur in den südseitig gerichteten Berghängen.

Die Lage der österreichischen Verteidiger war kritisch, mußte doch befürchtet werden, daß die Italiener in einem schnellen Vorstoß die so schwach besetzten Linien überrennen und in das Pustertal vorstoßen würden. Trotzdem war die Stimmung gut; personelle und waffentechnische Unzulänglichkeiten wurden wettgemacht durch einen außergewöhnlichen Kampfwillen. Dieser resultierte nicht zuletzt aus der Tatsache, daß viele der in den Höhenstellungen auf den italienischen Angriff wartenden Soldaten und Standschützen wenige Kilometer hinter sich ihre Familien und ihren Besitz wußten.

Betrachtet man heute die taktische Konzeption der italienischen Führung, so muß von einer krassen Fehleinschätzung der Lage gesprochen werden. So erwarteten die Italiener bei einem Angriff auf die österreichischen Truppen heftige Gegenwehr. Vor allem der Kampf-

Unterkunft des Artilleriebeobachters auf Eisenreich

wert der in den Angriffsschwerpunkten liegenden Sperrforts wurde stark überschätzt. Dazu kam, daß es die Österreicher verstanden, den Gegner in dieser Annahme zu bestärken. Die hoffnungslos veralteten und desarmierten Sperrforts wurden nachts beleuchtet und tagsüber beheizt, um ihre Kampfbereitschaft vorzutäuschen, bewegliche Patrouillen zeigten sich auf möglichst vielen Gipfeln, und ganze Kompanien führten Märsche durch, die nur den Zweck hatten, sich den italienischen Beobachtern zu präsentieren.

So eingeschüchtert, versäumte es die italienische Führung, die Chance zu nutzen. Sie ging vielmehr mit ihren eigenen, stark überlegenen Kräften ebenfalls zur Verteidigung über, um die nach ihrer Meinung für die Niederkämpfung der Sperranlagen notwendige Belagerungsartillerie heranzuschaffen.

Dieses Zögern ergab die für die Verteidigung Tirols so wichtige Atempause, denn sie erlaubte es den österreichischen Truppen und vor allem dem Deutschen Alpenkorps, die Verteidigung zu organisieren und die Stellungen auszubauen.

Sanitäts-Bereitschaftsdienst!

14. Juli 1915 — Deutscher Besuch am Seikofel. Standschützenbaon Innsbruck I, Landsturmbaon 164, Bayr. Leibregiment

In den hier beschriebenen Kampfabschnitten (es handelt sich um die Abschnitte III „Burgstall" und IV „Hornischeck" — später „Seikofel" des Grenzunterabschnitts 10 b und I „Eisenreich" und II „Filmoorhöhe" des Grenzunterabschnitts 10 c) standen zum Zeitpunkt der italienischen Kriegserklärung aussichtslos unterlegene Kräfte: Burgstall, Kreuzbergstraße, Seikofel, Matzen- und Klammbachboden, Pfandleck, Roteck und der gesamte Karnische Kamm bis zum Winklerjoch wurden durch fast friedensmäßig anmutende Streifen der Gendarmerie- und Wachabteilungen gesichert. Auch die vorbereitete, bei weitem noch nicht fertiggestellte Hauptwiderstandslinie konnte nur mit wenigen Kräften besetzt werden: dem Landsturmbataillon 167 und der 1. Kompanie des Standschützenbataillons Innsbruck II in den Stellungsgräben bei Bad Moos; dem Standschützenbataillon Innsbruck I mit drei Kompanien, einer Marschkompanie der Landesschützen und drei schwachen Marschkompanien des 1. Tiroler Kaiserjägerregiments in der anschließenden Linie Mitterberg—Negerdörfl—Hahnspiel—Tonrast—Hornischeck—Eisenreich.

An Artillerie standen die drei aus dem Sperrfort Haideck ausgebauten 12-cm-Kanonen und ein Feldgeschütz zur Verfügung, die, gesichert durch einige Sillianer Standschützen und eine Landsturmkompanie, auf dem Innergsell und in der Nähe der Festung in Stellung lagen.

Einzige Reserve bildete die 2. Kompanie des Standschützenbataillons Innsbruck I, die nach Sexten beordert wurde.

Altherberge. Links zwei Munitionsprotzen mit Pferdezug, rechts eine sFH 13 in offener Feldstellung

Altherberge. Zwei sFH 13 mit ihren Munitionsprotzen ohne Bespannung, rechts weitere Munitionsprotzen

Zwei sFH 13 mit ihren Munitionsprotzen

Die ersten Kampfhandlungen

Nach der am Abend des 23. Mai 1915 bekanntgewordenen italienischen Kriegserklärung erwartete die österreichische Führung einen überraschenden gegnerischen Angriff noch in derselben Nacht.

Es blieb jedoch ruhig, und erst am nächsten Morgen war Gefechtslärm zu vernehmen: Die österreichischen 12-cm-Kanonen am Innergsell nahmen die schanzenden Italiener am Col Collesei und auf dem Kreuzbergsattel unter Feuer.

Am Karnischen Grenzkamm herrschte absolute Ruhe, die wenigen bereits dort eingetroffenen Soldaten hoben Gräben aus; kleinere Trupps, die bis zum Obstanser See vorgingen, hatten Sichtkontakt mit Alpinipatrouillen; zu einem Schlagabtausch kam es jedoch nicht.

Aufgrund ihrer personellen Schwäche hatten die Österreicher noch keine Möglichkeit gehabt, die beherrschenden Höhen des westlichen Karnischen Kammes zu besetzen. Es existierte lediglich eine schüttere Linie von Feldwachen, die von Standschützen gebildet wurde.

Seit 22. Mai lag der 2. Zug (Leutnant Corniani) der 68. Alpinikompanie auf dem Frugnoni und ab 24. Mai eine Patrouille von vier bis fünf

Bayr. Gebirgsartillerie im Winter 1915 →

Sommer 1915. Feldgottesdienst des Kgl. bayr. Inf.-Leibregiments in Sexten

Mann auf der Pfannspitze. Von diesen Bergspitzen war eine Beobachtung des Lesachtales und des Pustertales möglich.

Als am 27. Mai die ersten Teile des X. Marschbataillons IR 59 in Kartitsch eintrafen, entschied der Subrayonskommandant Generalmajor Bankowsky, sich der noch unbesetzten Grenzlinie zu bemächtigen. Die zuerst eintreffende 4. Kompanie erhielt Befehl, die wichtigsten Höhen zwischen Winklerjoch und Eisenreich zu besetzen.

Obwohl dadurch auch nur eine weit auseinandergezogene Reihe von Feldwachen entstand, täuschte sie dennoch eine durchgehende Besetzung der Front vor. Die Italiener reagierten mit zwei kleineren Aufklärungspatrouillen, die vom Frugnoni in Richtung Eisenreich vorgingen. Leutnant Kößbacher verwickelte sie mit seinen Stubaier Standschützen von Eisenreich her in ein Feuergefecht, bei dem es auf beiden Seiten je einen Verwundeten gab.

Hauptmann Baratta, der mit dem Rest seiner Alpinikompanie im Bereich des Col Quaterná lag, ließ nun einen Zug als Verstärkung gegen Frugnonisattel und Eisenreich vorgehen. Dieser wurde jedoch von den Standschützen frühzeitig entdeckt, beschossen und zurückgewiesen.

Nach diesem ersten Gefecht wurde klar, daß Frugnoni und Pfannspitze nicht ohne größere Anstrengungen in Besitz zu nehmen waren; trotzdem wurde noch am 28. Mai die 3. Kompanie unter Oblt. Stuppöck angewiesen, einen Angriffsplan auszuarbeiten. Einer zur Erkundung vorgeschickten alpinen Patrouille unter Kadettaspirant Koch gelang es, sich von der Südseite bis nahe an die italienische Gipfelbesatzung heranzupirschen, wurde dann jedoch entdeckt und beschossen. Nur unter größten Mühen konnte sie sich vom Feind lösen.

Der österreichische Angriff gegen Cima Frugnoni und Pfannspitze am 3. Juni 1915

Schlechtes Wetter und damit verbundene ungenügende Beobachtungsmöglichkeiten für die Artillerie ließen vorerst eine Durchführung des Angriffs gegen Frugnoni und Pfannspitze nicht zu. Die Verschiebung des Angriffsbeginns auf den 3. Juni hatte jedoch den Vorteil, daß bis zu diesem Zeitpunkt zwei weitere Kompanien und die Maschinengewehrabteilung der „Rainer" an der Front eintrafen und zusätzlich eingesetzt werden konnten. Der Angriffsplan sah nun wie folgt aus: Fähnrich Steiner mit der durch eine Abteilung Lesacher Standschützen verstärkten halben 2. Kompanie hatte den Auftrag, sich durch das Erschbaumer Tal an die Pfannspitze anzunähern und diese bis 8 Uhr zu nehmen. Die 3. und die 2. Halbkompanie sollten nach der Artillerievorbereitung die Cima Frugnoni von beiden Seiten angreifen.

In der Nacht vom 2. auf den 3. Juni klarte das Wetter auf, und Fähnrich Steiner kam mit seiner Angriffsgruppe so gut voran, daß er bereits gegen 4 Uhr früh Feindberührung hatte. Die auf dem Gipfel der Pfannspitze liegenden Italiener wehrten sich tapfer und erhielten bald Feuerunterstützung durch ihre Gebirgsgeschütze hinter dem Col Quaterná. Nun griffen auch die österreichischen Feldhaubitzen von der Gatterspitze her in das Gefecht ein und brachten die italienische Artillerie zum Verstummen. Als nun noch zwei Geschütze der Gebirgsartilleriebatterie 6/8 unter Hauptmann Kupetz auf der Obstanser Wiese in Stellung gebracht wurden und in direktem Schuß die Italiener auf der Pfannspitze bekämpften, setzten Steiners „Rainer" und die Standschützen zum Sturm an und vertrieben den Gegner. Der erst 18jährige Fähnrich Steiner erhielt für diese Leistung die große Silberne Tapferkeitsmedaille.

Nicht ganz so reibungslos verlief der Angriff gegen den Frugnonisattel; gewarnt durch den Gefechtslärm auf der Pfannspitze, ließen sich die Italiener nicht überraschen und wehrten sich zunächst erfolgreich gegen die Angriffe des Kadettaspiranten Koch und seiner Männer, konnten sich dann jedoch nicht gegen das auf sie konzentrierte

Ausgeladene Flugzeuge der Bayr. Feld-Flieger-Abt. 9 auf der Bahnrampe in Toblach

Handhabung der Flugzeugkamera durch den Flugzeugführer

Artilleriefeuer behaupten. Gegen 7 Uhr früh begannen sie ihren Rückzug, der schließlich in wilde Flucht umschlug. Ein vom Col Quaterná angesetzter Gegenangriff eines Alpinizuges wurde bereits am Silvellasattel zum Halten gebracht.

Nun richtete sich das Augenmerk der Angreifer auf die Frugnonispitze, wo der 3. Zug der 68. Alpinikompanie den Stubaier Standschützen auf Eisenreich ein heftiges Feuergefecht lieferte. Nach der Zusammenfassung von MG- und Artilleriefeuer ließ ihr Widerstand nach, und als dann gegen Mittag Nebel aufzog, konnte sich die 3. Kompanie mit zwei Zügen an die Gipfelstellung annähern und die Alpini schließlich vertreiben.

Gegen 13.30 Uhr war der Angriff beendet, an Verlusten wurde auf österreichischer Seite nur ein Leichtverwundeter gemeldet, die Italiener hatten 15 Tote zu beklagen.

Mit dieser Aktion war den an sich unterlegenen österreichischen Verteidigern eine Begradigung der Frontlinie gelungen, die in diesem Geländeabschnitt klare Verhältnisse schuf. Das später einsetzende Anrennen der italienischen Truppen war aussichtslos. Der italienischen Führung hätte bei genauer Beurteilung des Geländes bewußt werden müssen, daß diese steilen und deckungslosen Bergflanken nur dem Verteidiger Vorteile brachten. Die italienischen Soldaten, die hier später noch ihr Leben lassen mußten, wurden völlig sinnlos geopfert.

Flugplatz in Toblach (B = Bombenkasten)

Bayr. Feld-Flieger-Abt. 9 auf dem Flugplatz in Toblach

Pferde der Kgl. preuß. Fußart.-Batterie 102 vor dem Bruggerhof in Moos

Die Besetzung von Wildkarleck und Roßkarspitze durch italienische Truppen am 9. Juni und der österreichische Gegenangriff am 12. Juni 1915

Anfang Juni 1915 entschloß sich die italienische Führung zu ersten Offensivaktionen, die vor allem kleinräumige Geländegewinne zum Ziel hatten. Im Bereich der westlichen Karnischen Alpen lag der Schwerpunkt dieser Offensive im Raum Wildkarleck—Roßkarspitze—Porze. Diese Gipfel waren trotz ihrer Bedeutung für die Verteidigung des Lesachtales aus Kräftemangel unbesetzt geblieben und wurden lediglich durch schwache Patrouillen überwacht.

Als am 9. Juni 1915 die 29. Alpinikompanie Wildkarleck und Roßkarspitze mit zwei Zügen angriff, hatten die Österreicher dem nichts entgegenzusetzen. Deshalb war am Abend des 9. Juni der Höhenzug zwischen Wildkarleck und Porzescharte fest in der Hand der Alpinikompanie.

Der österreichische Gegenangriff begann am Morgen des 10. Juni. Gegliedert in zwei Gruppen stieß die ca. 100 Mann starke Abteilung gegen Wildkarleck vor. Die über den vom Heretriegel zum Wildkarleck hinaufziehenden Gratrücken vorgehende Gruppe wurde durch italienisches Salvenfeuer und eine steile Felswand aufgehalten. Ähnlich erging es der zweiten Gruppe unter Stabsfeldwebel Wagner, die aus dem Roßkar die Roßkarspitze gewinnen sollte: Der anfangs durch Nebel gedeckte Angriff erwies sich wegen des sich aufsteilenden Geländes als unmöglich. Er wurde deshalb eingestellt und am Heretriegel Feldwachen eingerichtet.

Die Bedeutung des verlorenen Geländes richtig beurteilend, setzte Generalmajor Bankowsky nun stärkere Kräfte zur Rückeroberung an. Hauptmann Schmid, der Bataillonskommandant des X./LSch III, erhielt Befehl, mit zwei seiner Kompanien, der 2. Kompanie X./IR 59, einer Gebirgshaubitze und zwei Gebirgskanonen erneut anzugreifen.

Die Vorbereitungen dauerten jedoch bis zum 12. Juni und wurden von den Italienern beobachtet. Die Folge war, daß der italienische Abschnittskommandant frühzeitig eine Verstärkung der Höhenstellungen veranlassen konnte.

Hptm. Karl Rose hinter dem Skoda-Mörser M11 305 mm

Hauptmann Plammer, der mit seiner 2. Kompanie Roßkarspitze und Wildkarleck von Nordosten anzugehen hatte, stieg während des Vorbereitungsfeuers der Artillerie bis zur Steilstufe unter dem Gipfel der Roßkarspitze auf, wo er seine Kompanie teilte. Dem Kadetten Ortner mit seinem 3. Zug gelang es in der Folge, die gewaltigen Geländeschwierigkeiten zu überwinden und die italienische Gipfelbesatzung im Nahkampf zu werfen.

Währenddessen hatte sich Hauptmann Plammer mit dem Rest der Kompanie unterhalb der Steilstufe in Richtung Wildkarleck verschoben, um dessen Gipfelstellung anzugreifen, sobald Ortner mit seiner Gruppe sein Ziel erreicht hatte und damit seine linke Flanke gedeckt war.

Anstatt diesen Plan konsequent zu verfolgen, ließ sich Hauptmann Plammer durch den starken Gefechtslärm bei Ortners Gruppe dazu verleiten, umzukehren und diesem zu Hilfe zu kommen. Nach zwei Stunden erst erreichte er mit seinen Soldaten den Gipfel, wo sich nun auf engstem Raum die rund 250 Mann starke Kompanie drängte.

Den vom Gipfel verjagten Alpini war es gelungen, sich in einem vorbereiteten Grabenstück auf dem zum Wildkarleck ziehenden Gratrücken festzusetzen. Von dort schlugen sie Plammers Angriffsaktionen blutig zurück, so daß dieser sich gezwungen sah, bis zum Einbruch der Dunkelheit zu warten.

Während dieser Ereignisse auf der Roßkarspitze hätte gleichzeitig der Angriff einer Landesschützenkompanie von Westen her auf das Wildkarleck stattfinden sollen. Dort hatten jedoch mittlerweile die Italiener Verstärkung erhalten und bedrohten nun die schwach besetzte Filmoorhöhe. Die Landesschützenkompanie wurde deshalb zurückgehalten und in Verteidigungsstellungen im Raum Filmoor befohlen. Daß diese Entscheidung richtig war, beweist die Tatsache, daß Hauptmann Plammer, als er in der Nacht versuchte, den Angriff gegen Wildkarleck erneut vorzutragen, durch eine ganze Maschinengewehrabteilung der Italiener zurückgeschlagen wurde. Plammers Kompanie war nun in einer schwierigen Situation; den ganzen 12. Juni lag sie fast ungedeckt im Feuer der Italiener, die dann abends noch eine weitere Verstärkung erhielten. Plammer ersuchte deshalb um Erlaubnis, das Wildkarleck aufgeben zu dürfen. Der Rückzugsbefehl erreichte die Truppe in der Nacht zum 13. Juni, im Schutze der Dunkelheit löste sich die Kompanie vom Feind.

Damit war dieser Gipfel unwiederbringlich verloren und eröffnete den Italienern einen weit ins österreichische Hinterland reichenden Beobachtungs- und Wirkungsbereich.

Eine Feldhaubitze wird in Stellung gebracht, im Mannschaftszug

In-Stellung-Bringen einer sFH 13, Munitionsprotze im Mannschaftszug neben dem Geschütz

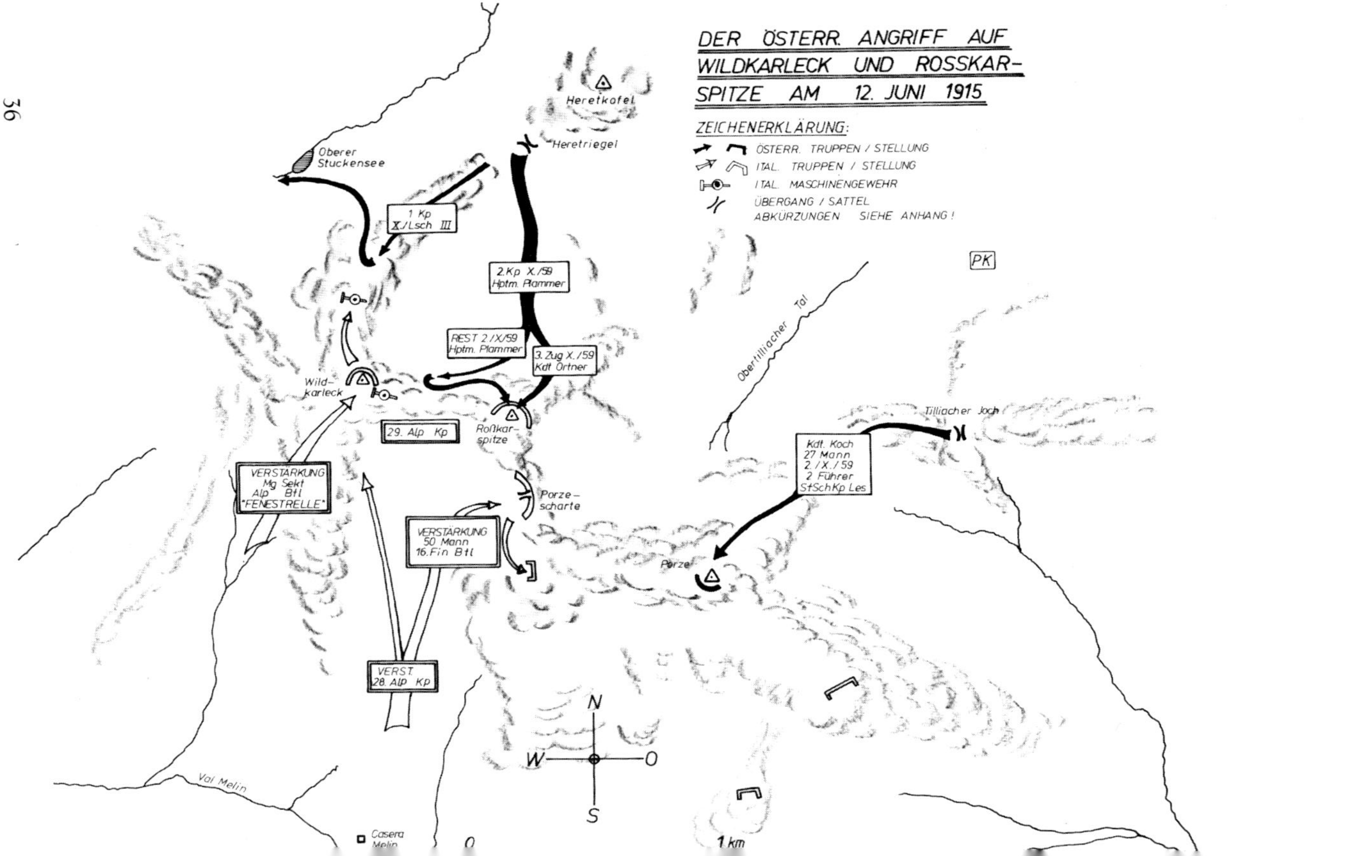
DER ÖSTERR. ANGRIFF AUF WILDKARLECK UND ROSSKAR-SPITZE AM 12. JUNI 1915
ZEICHENERKLÄRUNG:
ÖSTERR. TRUPPEN / STELLUNG
ITAL. TRUPPEN / STELLUNG
ITAL. MASCHINENGEWEHR
ÜBERGANG / SATTEL
ABKÜRZUNGEN SIEHE ANHANG!
PK
Heretkofel
Heretriegel
Oberer Stuckensee
1 Kp X./Lsch III
2.Kp X./59 Hptm. Plammer
REST 2./X/59 Hptm. Plammer
3. Zug X./59 Kdt Ortner
Wild-karleck
Roßkar-spitze
29. Alp Kp
VERSTÄRKUNG Mg Sekt Alp Btl "FENESTRELLE"
Porze-scharte
VERSTÄRKUNG 50 Mann 16.Fin Btl
VERST. 28. Alp Kp
Obertilliacher Tal
Tilliacher Joch
Kdt. Koch 27 Mann 2./X./59 2 Führer StSchKp Les
Porze
N
W
O
S
Val Melin
Casera Melin
0
1 km

Die Besetzung der Porze durch österreichische Truppen am 12. Juni und die italienischen Gegenangriffe vom 15. bis 18. Juni 1915

Mit Beginn ihrer Offensivtätigkeit am Karnischen Kamm hatten die Italiener auch Kräfte gegen das Obertilliacher Joch vorgeschoben und überwachten die Zugänge zur Porze. Die Spitze des Berges selbst blieb vorerst unbesetzt.

Zeitgleich mit der Angriffsgruppe Hauptmann Plammers setzte sich in den frühen Morgenstunden des 12. Juni eine aus 27 „Rainern" und Obertilliacher Standschützen gebildete Abteilung unter der Führung des Kadetten Koch in Bewegung, um den Porzegipfel zu nehmen und zu besetzen.

Da der Aufstieg über die Normalwege von den italienischen Alpini verwehrt wurde, mußte Koch den Weg durch die steile und gefährliche Nordflanke nehmen. Nach vier Stunden anstrengender Kletterei erreichte die Gruppe den Gipfel und griff sofort in das auf der Roßkarspitze stattfindende Gefecht ein, bis sie von der massierten italienischen Artillerie in Deckung gezwungen wurde.

Wenig später sahen sich die Gipfelbesatzer mit dem ersten Gegenstoß der Italiener konfrontiert. Eine halbe Alpinikompanie versuchte, über die nicht ganz so steilen Südhänge auf die Porze-Ostkuppe zu gelangen, um die Gruppe aus der Flanke bedrohen zu können. Gut gezieltes Gewehrfeuer der österreichischen Gipfelbesatzung vereitelte diesen Plan; der Gegner mußte bei Einbrechen der Nacht unverrichteter Dinge wieder abziehen.

Die Lage Kochs und seiner Männer war alles andere als günstig, denn der Nachschub an Munition und Verpflegung erwies sich geländebedingt als sehr schwierig. Trotzdem hielt die Gruppe auf dem Gipfel aus. Auch als Roßkarspitze und Wildkarleck endgültig in der Hand des Feindes und die exponierte Gipfelstellung von mehreren Seiten eingeschlossen war, leistete sie heftigen Widerstand. Taktisch gesehen war der Kampf der Männer zu diesem Zeitpunkt bereits sinnlos; in Anbetracht der gegebenen Feindlage mußte eine permanente Besetzung des Gipfels undurchführbar erscheinen.

Am Morgen des 15. Juni setzte intensives italienisches Artilleriefeuer auf die Porze und das Tilliacher Joch ein. Gleichzeitig drangen zwei Bataillone des italienischen IR 91 gegen das Joch vor. Auch bei diesem Angriff war die italienische Taktik, im Hochgebirge mit massierten Kräften vorzurücken, nicht von Erfolg gekrönt. Mit ihren zielsicheren Schüssen auf kürzeste Entfernung konnten die 52 öster-

Beim Abfeuern einer sFH 13, Rohrrücklauf

reichischen Verteidiger den über 600 Mann starken Angreifer zurückschlagen.

Hauptmann Plammer, der nun die Verteidigung des Abschnitts leitete, unternahm jetzt den Versuch, den Weg auf die Porze und damit zur Gruppe Koch freizubekommen, die Gruppe abzulösen und eine Telefonleitung zu legen. Das Unternehmen scheiterte an der Wachsamkeit der vorgeschobenen italienischen Feldwachen und kostete fünf Tote und einen Verwundeten.

Die Lage Kochs und seiner Männer war nun fast aussichtslos; seit Tagen kämpften sie ohne nennenswerten Nachschub und ohne Ablösung gegen einen übermächtigen Feind. Dabei waren sie Tag und Nacht den extremen Witterungsverhältnissen auf dem 2589 Meter hohen Berg ausgesetzt.

Schon in der Nacht auf den 15. Juni machten sich mehrere italienische Angriffskolonnen in Richtung Porze auf den Weg: Das I. Bataillon des IR 69 und zwei Kompanien des XVI. Finanzwachbataillons näherten sich über den vom Gipfel der Porze nach Süden ziehenden Grasrücken an. Unbeweglich, wie Truppenkörper dieser Größenord-

Munitionstransport in die Höhenstellungen. Leiber und Artilleristen tragen die Geschoßkörbe auf den Schultern.

nung nun einmal im Gebirge sind, kam die Kolonne an diesem Tag nicht mehr zum Angriff.

Im Gegensatz dazu gelang es zwei gebirgsgewohnten Zügen der 29. Alpinikompanie, von der Porzescharte über die Westflanke aufzusteigen, bis 250 Meter an die österreichische Gipfelstellung vorzudringen und dabei die Besatzung von ihrer einzigen Wasserstelle abzuschneiden. In der Nacht schoben sich die Alpini noch weiter vor, wagten jedoch angesichts der Wachsamkeit der Österreicher nicht, den Gipfel zu stürmen.

Nachdem ein neuer Abstieg durch die Nordwand (!) der Porze gefunden worden war, schickte Kadett Koch am Morgen des 17. Juni einen Melder zum Tilliacher Joch und bat erneut um Ablösung. Nun endlich reagierte das Kampfgruppenkommando (dieses hatte Koch und seine Männer bereits aufgegeben!) und befahl die Räumung des Gipfels. Bis der Befehl zum Rückzug, der mit Flaggen- und Rauchzeichen gegeben wurde, auf der Porze verstanden wurde, war es später Nachmittag geworden. Als eine alpinistische und soldatische Leistung ersten Ranges ist die Tatsache zu werten, daß es noch 15 Männern (5 waren vermißt, der Rest verwundet oder als Melder abgestiegen) gelang, in der Dunkelheit und in absoluter Erschöpfung durch die Nordwand der Porze abzusteigen.

Die Italiener, die am Morgen des 18. Juni den Porzegipfel stürmten, trafen nur noch leere Kampfgräben an.

In der Folge erwies sich der Verlust der Porze als besonders verhängnisvoll, da von hier aus das Dorf Obertilliach eingesehen und beschossen werden konnte. Schon am 8. Juli detonierten die ersten Granaten in der Ortschaft, die nun von ihren Bewohnern verlassen werden mußte.

Deutsche Truppen verstärken die Front
Vorverlegung der Hauptwiderstandslinie

Der am meisten gefährdete Punkt in der Frontlinie des Grenzabschnitts 10 war ohne Zweifel der Kreuzbergpaß.

Seit Kriegsbeginn erwarteten die Österreicher hier den entscheidenden Stoß der Italiener. Aus Kräftemangel war es zu Beginn der Kampfhandlungen nicht einmal möglich, die Hauptwiderstandslinie auf die Paßhöhe zu legen. So nutzte man die beiden alten Sperren Haideck und Mitterberg als Stützpunkte und verband sie untereinander mit der sogenannten „Intervallstellung", die sich taktisch äußerst ungünstig quer durch den Talboden zog. Von Mitterberg aus verlief diese Verteidigungslinie durch offenes Hanggelände über Negerdörfl, Hahnspiel (2030 m) und Tonrast (2418 m) zum Hornischeck (2467 m).

Das Bayerische Infanterie-Leibregiment, dessen I. Bataillon später hier eingesetzt wurde, beurteilte die Stellung so:

„In dieser sogenannten Hauptstellung konnte aber der Gegner niemals aufgehalten werden, da sie von vornherein sämtliche Zugänge zum Sextener Tal preisgab. Auch überließ sie ihm die guten Artilleriestellungen am Kreuzbergsattel mit den trefflichen Beobachtungspunkten und begnügte sich selbst mit dem engen Talkessel, in dem die Artillerie jede Bewegung abschnüren konnte. Überdies war die Stellung von Ingenieuren erbaut, die den Krieg niemals gesehen und von den Wirkungen einer modernen Granate keine Ahnung hatten."

Nicht genug, daß diese Stellung gar nicht oder schlecht ausgebaut war, sie mußte auch noch von Truppen verteidigt werden, die keineswegs voll kampffähig waren. Als relativ verläßliche Truppen befanden sich lediglich drei Marschkompanien des 1. Tiroler Kaiserjägerregiments in der Linie Mitterberg—Hornischeck. Der Einsatz der Standschützenbataillone Innsbruck I und II brachte am 24. Mai eine leichte

Die kahle Platte des Seikofels. Im Mittelgrund Katzegrand, Schellaboden und Rotwandwiesen, hinten die Sextner Rotwand mit Burgstall

Entlastung, an der grundsätzlich ungünstigen Lage der Stellungen änderte sich vorerst aber nichts.

Die personelle Situation besserte sich erst, als das Deutsche Alpenkorps in das Geschehen an der Tiroler Front eingriff und für die Verstärkung des Kampfabschnitts ein Bataillon des Bayerischen Infanterie-Leibregiments bereitstellte.

Ab Mitte Juni konnte deshalb die neue Sicherungslinie, zunächst durch Erkundungspatrouillen, besetzt werden. Eine aus Freiwilligen des Landsturmbataillons 167 und der Innsbrucker Standschützen zusammengesetzte Abteilung nahm am 16. Juni 1915 unter den Augen der auf dem Col Collesei verschanzten Italiener den Seikofel in Besitz.

Bis 27. Juni wurden nun die bisher in der alten Hauptstellung eingesetzten Truppen (LstB 167 und X./1. TJR) in die neue Linie vorgezogen und durch die beiden Innsbrucker Standschützenbataillone verstärkt. Gleichzeitig richteten sich die Soldaten des Leibregiments in der nun zur Auffangstellung umdefinierten alten Linie ein.

Wie es in der neuen Stellung aussah, schilderte der Bataillonsadjutant des Standschützenbataillons Innsbruck I, Leutnant Mörl:

Österr. 15 cm schmalspurige Batteriehaubitze M 99/04 mit 115-cm-Rädern (Speichenrad M4)

„Wieder lagen die Leute ohne jede Unterkunft im Regen. Am 1. Juli ging Major An der Lan mit mir alle Stellungen ab. Von Schützengräben keine Spur. Einige gefällte Bäume und ein Stolperdraht waren das einzige Hindernis. Dahinter alle zehn Schritte eine flache, im Wurzelwerk des Waldes ausgekratzte Mulde für einen liegenden Schützen und die Zelte. Auf dem Seikofel lagen die Leute... buchstäblich im Sumpf. Infolge der Ermüdung schliefen sie trotzdem fest. Das Bataillon litt damals schwer. Regen bei Tag und Nacht, bei Nacht außerdem, besonders jetzt, da man vor der Nase der Italiener lag, Alarm. Bei Tag schwere Arbeit beim Stellungsbau...“

Gleichwohl war damit der Raum um den so wichtigen Übergang „Kreuzbergpaß“ weitgehend konsolidiert. Unerklärlich blieb, warum die Italiener nicht einmal den Versuch unternommen hatten, die österreichische Frontbereinigung zu verhindern.

Erstes italienisches Unternehmen gegen die Königswand vom 9. bis 12. Juli 1915

Nachdem die Angriffe im Juni nicht den gewünschten Erfolg gezeitigt hatten, befahl die italienische Führung Anfang Juli erneut eine Offensive, die nun durch den großzügigen Einsatz von Artillerie den Durchbruch ins Pustertal erzwingen sollte.

Zu einem Angelpunkt dieser Offensive wurde das aus mehreren Gipfeln bestehende (Großer und Kleiner Kinigat, Königswand) Massiv der Königswand, einem majestätisch aus den grünen Matten der westlichen Karnischen Alpen aufragenden Felsklotz. Für die österreichischen Verteidiger galt es hier, die Übergänge in das Erschbaumer Tal und in das Leitner Tal zu halten.

Wie überall herrschte auch hier große Knappheit an Menschen und Material. Der Abschnitt zwischen Kleinem Kinigat und Heretkofel wurde von Soldaten in Stärke von etwa einer Kompanie verteidigt (Teile der 4./X.59, der Standschützenkompanie Lesachtal und der Gendarmerieassistenz).

Blick von der Königswandfeldwache auf Filmoorhöhe-Wildkarleck. Unten: Felsfeldwache, Hohe Wand, Art.-Beob. Filmoor, 3—8,7-cm-Kan., 2—15-cm-Kan.

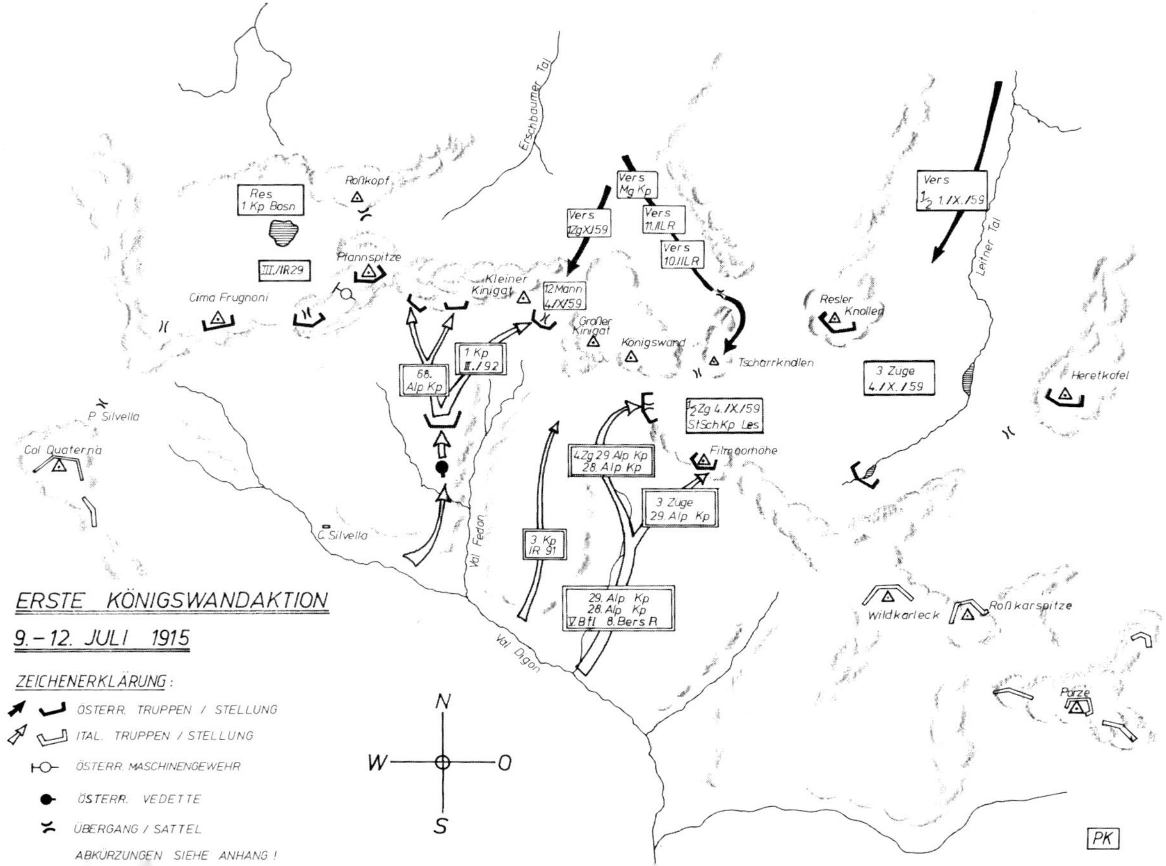
ERSTE KÖNIGSWANDAKTION
9.–12. JULI 1915
ZEICHENERKLÄRUNG:
ÖSTERR. TRUPPEN / STELLUNG
ITAL. TRUPPEN / STELLUNG
ÖSTERR. MASCHINENGEWEHR
ÖSTERR. VEDETTE
ÜBERGANG / SATTEL
ABKÜRZUNGEN SIEHE ANHANG !
N
W
O
S
Res
1 Kp Bosn
III./IR29
Roßkopf
Pfannspitze
Cima Frugnoni
Erschbaumer Tal
Kleiner Kinigat
12 Mann 4./X/59
Großer Kinigat
Königswand
Vers 1ZgX/59
Vers Mg Kp
Vers 11./ILR
Vers 10./ILR
Tscharrknollen
Vers 1/2 1./X./59
Leitner Tal
Resler Knollen
3 Züge 4./X./59
Heretkofel
68. Alp Kp
1 Kp II./92
P. Silvella
Col Quaterna
C. Silvella
Val Fedon
Val Digon
3 Kp IR 91
4.Zg 29 Alp Kp
28. Alp Kp
1/2 Zg 4./X./59
StSchKp Les
Filmoorhöhe
3 Züge 29. Alp Kp
29. Alp Kp
28. Alp Kp
V. Btl 8. Bers R
Wildkarleck
Roßkarspitze
Porze
PK

Die italienischen Angreifer waren in drei Abteilungen gegliedert und sollten wie folgt vorstoßen:
— *Die erste, bestehend aus der 68. Alpinikompanie und einer Kompanie des Infanterieregiments 92 im linken Teil des Angriffsraumes gegen die Westabstürze der Königswand.*
— *Die zweite (drei Kompanien des Infanterieregiments 91) im Mittelteil direkt über die Südhänge in Richtung Königswand und Scharte zwischen Großem und Kleinem Kinigat.*
— *Die dritte (28. und 29. Alpinikompanie, V. Bataillon des 8. Bersaglieriregiments) gegen Filmoorsattel und Filmoorhöhe.*

Mit Einbruch der Abenddämmerung des 8. Juli 1915 marschierten die ersten italienischen Einheiten ab. Die links eingesetzte 68. Alpinikompanie stieg, gefolgt von der Infanteriekompanie, über den westlich des Val Fedon gelegenen Rücken auf, überrannte eine Vedette und die dazugehörende Feldwache des österreichisch-ungarischen Reservebataillons 29 und machte sich im nun einsetzenden schweren Gewitter daran, auch die Gegner in den Gratstellungen zu überraschen.

Doch während des Ansturms hob sich der Nebel, die Verteidiger erkannten die Gefahr und lenkten ein vernichtendes Abwehrfeuer gegen die nahezu schutzlos auf den steilen Almwiesen liegenden Alpini.

Ungefähr zur gleichen Zeit blieb auch die Attacke der Infanteriekompanie gegen die in der Scharte zwischen Großem und Kleinem Kinigat verschanzte zwölf Mann starke Feldwache der „Rainer“ in deren Gewehr- und Handgranatenfeuer stecken.

Die beiden anderen Kolonnen wurden bereits während ihres Ausrückens am Abend des 8. Juli von österreichischen Beobachtern ausgemacht und gemeldet. Am Morgen des 9. Juli lagen sie in Sturmnähe vor den österreichischen Stellungen am Filmoorsattel und an der Filmoorhöhe.

Da nun klar war, daß es sich hier um einen massierten italienischen Angriff handeln mußte, setzte das Kampfgruppenkommando seine Reserven in Marsch: Die Hälfte der 1./X.59 (Hauptmann Diesner) in Richtung Filmoor, ein weiterer Zug dieser Kompanie zur Kinigat-Sattelwache, die 10./ILR (Hauptmann Freiherr v. Falkenhausen) zum Tscharrknollen, außerdem schickte der Nachbarabschnitt (Obstans) eine Bosniakenkompanie.

Der verstärkte Beschuß der Filmoorstellung am Abend des 9. Juli ließ darauf schließen, daß die Italiener die Entscheidung herbeizuführen trachteten. Hauptmann v. Falkenhausen übernahm das Kommando über den Abschnitt, da klar wurde, daß dem Druck der Italiener nur mit Hilfe der deutschen Truppen standgehalten werden konnte. Konse-

Likoflwand und Batt.-Kmdo. der 10-cm-PHBtt. 156

quent zog v. Falkenhausen nun auch die 11./ILR (Hauptmann Freiherr v. Godin) und die Maschinengewehrkompanie (Oberleutnant Graf Holnstein) auf den Tscharrknollen nach.

Während der Nacht rannte der Feind immer wieder auf der gesamten Breite des Angriffsraumes vergeblich gegen die Stellungen der Österreicher und Deutschen an. Am 10. Juli setzte ein verheerendes Artilleriefeuer ein und machte die wenigen Kampfgräben auf Filmoor dem Erdboden gleich. Zwei Angriffe hatten die Verteidiger noch abzuwehren, dann gaben die Italiener auf und suchten sich, so gut es in dem offenen Gelände ging, hinter Steinen zu decken.

Obwohl nun auch dem italienischen Kommandanten klarwerden mußte, daß nach der erfolgreichen Verteidigung und Verstärkung der österreichischen Widerstandslinie das Angriffsziel mit den geschwächten und förmlich ausgebluteten Truppen nicht mehr zu erreichen war, ließ er die Angriffstruppen noch zwei Tage und zwei Nächte im Feuer der Verteidiger liegen, bis er endlich den Rückzugsbefehl erteilte.

Südwestl. Königswandabsturz mit Pfannspitze und Kinigat. Österr. Stellungen

Königswand von der „Muskete“ (Filmoorhöhe). Hinten Pfannspitze, Kinigat

Das erste Königswandunternehmen der Italiener war verlustreich gescheitert, doch die italienischen Generalstabsoffiziere hatten keine Lehren aus den Erfahrungen dieser Gefechte gezogen. Sie bereiteten bereits den nächsten Angriff vor, nach dem gleichen sinnlosen Schema und mit dem gleichen Erfolg.

Zweites italienisches Unternehmen gegen die Königswand am 18. Juli 1915

Der Angriffsplan für den 18. Juli unterschied sich nicht grundsätzlich von dem, der einen Monat zuvor ins Desaster geführt hatte.

Angriffsschwerpunkt war wieder die Königswand; aufgrund des noch größeren Kräfteansatzes wurde ein weiterer Hauptstoß in Richtung Cima Frugnoni und Pfannspitze befohlen.

Bei diesem zweiten Hauptstoß sollte:

— *das II. Bataillon des Infanterieregiments 69 direkt über den Silvellapaß die Frugnoniwestflanke nehmen,*

— *das III. Bataillon dieses Regiments frontal über die Südflanke die Frugnonispitze erobern,*

— *das III. Bataillon des Infanterieregiments 92 über Casera Silvella den Zugang zum Obstanser Sattel erkämpfen und*

— *die 68. Alpinikompanie direkt die Pfannspitze angreifen.*

Obwohl hier drei Bataillone und eine Kompanie zum Angriff schritten, konnte keinerlei Erfolg erzielt werden. Die Soldaten gerieten bereits in der Annäherungsphase in das Abwehrfeuer der Österreicher; sie waren in dem offenen, deckungsarmen und steilen Gelände den zielsicheren Schüssen der Verteidiger schonungslos ausgeliefert.

Nur dort, wo Felsriegel Schutz boten, erreichten einige wenige die Stacheldrahthindernisse, die jedoch vom Gegner besonders gut überwacht wurden. Der Angriff brach zusammen. Im Kugelhagel der Verteidiger gab es kein Vorwärts und kein Rückwärts mehr, es gab nur noch Ducken und Verkriechen.

In dieser für die Italiener so heillosen Situation begann es zu schneien. Die abgeschlagenen Angreifer nutzten die Chance und lösten sich aus der Umklammerung. Doch das Wetter besserte sich wieder, und so mancher wurde noch auf der Flucht vom Verfolgungsfeuer der Österreicher ereilt.

Die auf die Königswand angesetzte Kolonne bestand zum großen Teil aus den Truppenteilen, die hier sechs Tage zuvor bereits eine blutige Abfuhr erhalten hatten. Auch Einteilung und Angriffswege waren nahezu identisch:

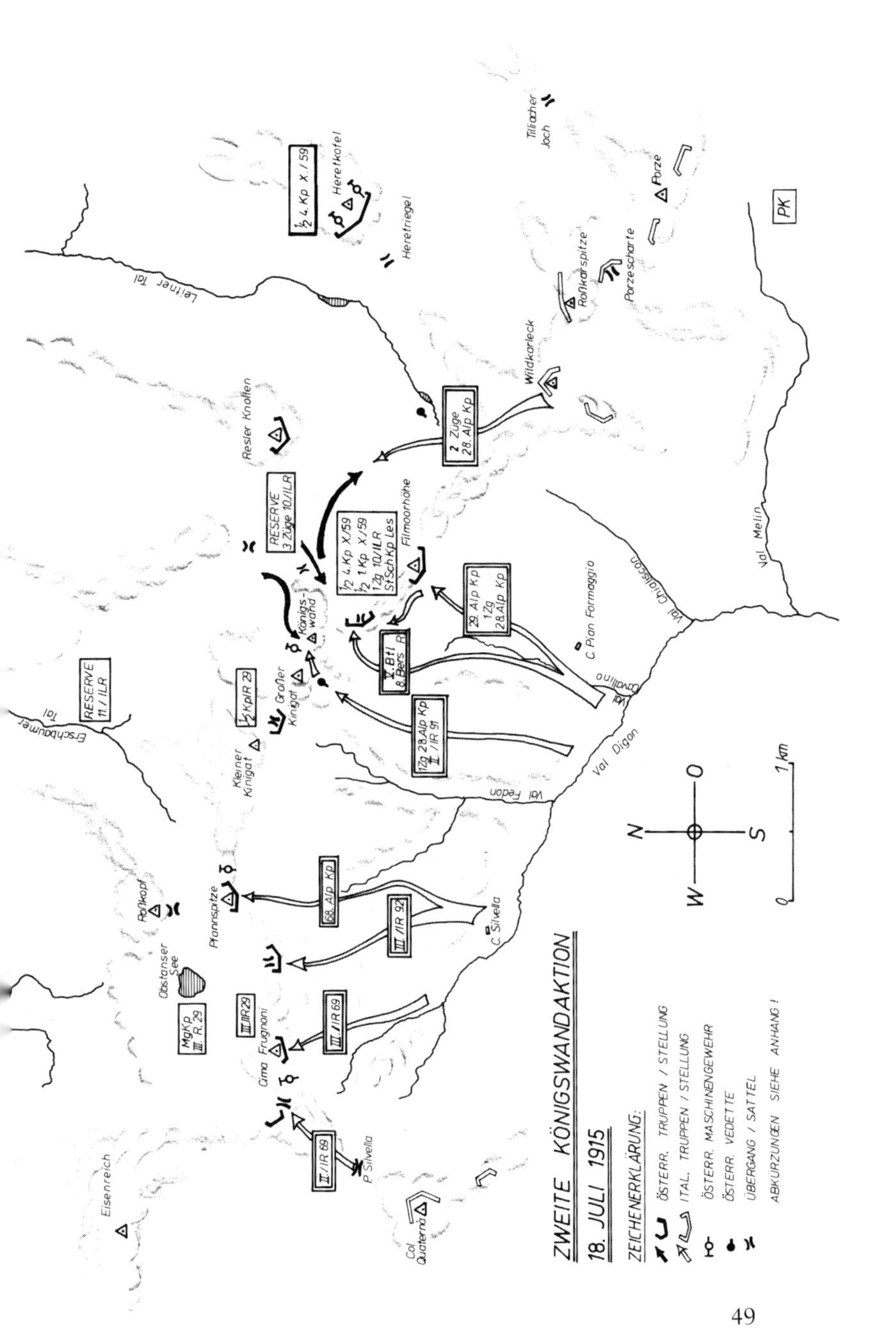
ZWEITE KÖNIGSWANDAKTION
18. JULI 1915
ZEICHENERKLÄRUNG:
ÖSTERR. TRUPPEN / STELLUNG
ITAL. TRUPPEN / STELLUNG
ÖSTERR. MASCHINENGEWEHR
ÖSTERR. VEDETTE
ÜBERGANG / SATTEL
ABKÜRZUNGEN SIEHE ANHANG!
N
S
W
O
0
1 km
PK
Leitner Tal
Heretkofel
1/2 4. Kp X. / 59
Heretriegel
Tilliacher Joch
Porze
Porzescharte
Roßkarspitze
Wildkarleck
2 Züge 28. Alp Kp
Resler Knoten
RESERVE 3 Züge 10./ILR
Filmoorhöhe
1/2 4. Kp X./59
1/2 1. Kp X./59
1 Zg 10./ILR
StSchKp Les
29. Alp Kp
1 Zg
28. Alp Kp
Val Melin
Val Chialiscon
C. Pian Formaggio
Königs-wand
V. Btl 8. Bers. R.
Val Cavallino
1 Zg 28. Alp Kp
II. / IR 91
Großer Kinigat
1/2 Kp IR 29
Kleiner Kinigat
RESERVE 11./ILR
Erschbaumer Tal
Val Digon
Val Fedon
Pfannspitze
Roßkopf
68. Alp Kp
III. / IR 92
C. Silvella
Obstanser See
MgKp III. R. 29
III. / IR 29
III. / IR 69
Cima Frugnoni
II. / IR 69
P. Silvella
Eisenreich
Col Quaternà

„4. Geschütz“ mit Bedienung gegen Heretkofel und Lienzer Dolomiten

— *Eine linke Gruppe (II. Bataillon/Infanterieregiment 91 und ein Zug der 28. Alpinikompanie) sollte über den Grasrücken westlich des Val Cavallino,*
— *eine Mittelgruppe (V. Bataillon/8. Bersaglieriregiment) direkt im Grunde des Val Cavallino,*
— *eine rechte Gruppe durch das Val Rio Pian Formaggio die österreichische Königswand-Filmoorstellung erreichen und einnehmen.*

Neu war die Idee, mit den zwei restlichen Zügen der 28. Alpinikompanie vom Wildkarleck aus nach Norden abzusteigen und den Österreichern in den Rücken zu fallen.

Der linken Gruppe gelang es am 18. Juli gegen 3 Uhr früh, mit der Niederringung der Feldwache zwischen Kinigat und Königswand einen Teilerfolg zu vermelden und sich mit ungefähr 100 Mann in den Felsen der Königswand einzunisten. Doch dieser Erfolg war nicht von langer Dauer. Unter der Führung des Lienzer Bergführers und Standschützen Rudl Eller erstieg eine Maschinengewehrpatrouille der 10. Kompanie/ILR die Königswand, ging auf deren Gipfel in Stellung und konnte so

Standschützen mit österr. Armeegewehr 8 mm M95 in einer behelfsmäßigen Gewehrlafette („Eingespanntes Gewehr“)

„4. Geschütz" der 9-cm-FKnBtt. 155 Filmoor gegen Königswand und Felsenfeldwache

„2. Geschütz" der 10-cm-PHBtt. 156 Tscharknollen in der Stellung am „Eisernen Tor"

die für die Filmoorstellung recht bedrohlichen Italiener von oben bekämpfen.

Am Abend des 18. Juli war die Gefahr abgewandt und die Königswand wieder feindfrei.

Über die Aktivitäten der vom Wildkarleck abgestiegenen zwei Züge der 28. Alpinikompanie notierte Hauptmann v. Falkenhausen in seinem offiziellen Gefechtsbericht:

„Etwa 4 Uhr vorm. meldete mir Vizewachtmeister Riml, daß er beobachtet habe, wie sich eine feindliche Abteilung in unserer linken

Flanke im Grunde nach Norden zu bewege, sie müsse über den Sattel zwischen Filmoorhöhe und Wildkarleck heruntergestiegen sein.

Ich befahl dem ersten Zug, sich so schnell als möglich auf den linken Flügel zu begeben, und konnte im Gelände im Dämmerlicht den Platz (Höhenzug zwischen Filmoorhöhe und Resslerknollen) bezeichnen. Etwa fünf Minuten später kam der 4. Zug 10./ILR die Scharte zwischen Königswand und Tscharrknollen herüber, ich fing ihn ab und befahl ihm, möglichst schnell den 1. Zug links zu verlängern. Es gelang dem 1. Zug mit ganz kurzem Vorsprung vor dem Gegner die Höhe zu gewinnen, den teilweise aus Felsen herausschießenden Feind teilweise zu vernichten, teils gefangenzunehmen.

31 Mann 28./Alp. Regt. 3 wurden gefangen, sieben Tote, darunter ein Offizier, wurden festgestellt.

Hiermit war der Hauptangriff des Gegners, den ich im Ganzen auf zwei Bataillone schätzte, abgewiesen."

Die Verluste der angreifenden Einheiten waren schrecklich hoch, die 28. Alpinikompanie verlor allein bei dieser Aktion zwei Fünftel ihres Mannschaftsstandes.

Beschießung des Dorfes Moos durch ital. Artillerie am 6. September 1915

Beschießung der Festungen Mitterberg und Haideck und der Ortschaft Sexten seit 27. Juli 1915

Die Beschießung und Zerstörung Sextens ist ein besonders trauriges Kapitel in der Geschichte des Ortes. Spätestens seit dem Bau der beiden Festungen Mitterberg und Haideck muß den Sextenern ihre besondere Lage in einem Kriegsfall bewußt gewesen sein. Die militärischen Anlagen und die Aktivitäten, die im Zuge ihrer Entstehung und Erhaltung spürbar wurden, beeinflußten auch das Leben in der Gemeinde.

Das Verhältnis der Zivilbevölkerung zur Militärverwaltung war meist durch irgendwelche Ereignisse getrübt. Ein Großteil der Grundstücke, die zum Bau der Festungen notwendig waren, wurden nicht freiwillig hergegeben, sondern mußten enteignet werden. Obwohl die militärische Bautätigkeit ein gewisses Maß an Wohlstand in das Dorf brachte und auch über Jahre hinweg Arbeitsplätze schuf, wurde doch der Zuzug Ortsfremder als Störung der Dorfgemeinschaft empfunden. Allerdings war diesbezüglich auch schon eine Änderung durch die Entwicklung des Fremdenverkehrs entstanden, die noch besonders beleuchtet werden muß.

Am 6. September wurde durch den Einschlag einer 28-cm-Granate ein Haus in Brand gesetzt. Der Brand weitete sich über die ganze Ortschaft aus.

Kanonendonner und Infanteriefeuer war für die Sextener nichts Außergewöhnliches. Aus den beiden Festungen waren seit ihrer Fertigstellung regelmäßig Schießübungen im scharfen Schuß abgehalten worden, die teilweise mit einer hohen Belastung für die Bevölkerung verbunden waren. Große Teile des Sextener Tales und des Kreuzbergs mußten bei solchen Übungen gesperrt werden, was vor allem die Bauern von ihrer Arbeit abhielt.

Nach der Kriegserklärung Italiens wurde der Ortsteil Moos evakuiert, da er vor der Hauptwiderstandslinie lag. Die Bewohner fanden teilweise in Sexten, teilweise schon draußen im Pustertal Unterkunft. Begreiflicherweise wollten die Leute so lange wie nur möglich in ihrer Heimat bleiben und ihrer gewohnten, meist bäuerlichen Arbeit nachgehen.

In den ersten Kriegswochen nahmen die Italiener, deren Artilleriebeobachter das Sextener Tal sehr gut übersehen konnten, die Aktivitäten im Dorf hin. Durch die Verstärkung der Truppen in diesem Bereich kam es jedoch auch zu einem vermehrten militärischen Verkehr. Stäbe und Kommanden suchten die Bequemlichkeit in den Häusern, für die höheren Offiziere mußten ja schließlich auch dem Rang entsprechende stilvolle Aufenthalts- und Speiseräume eingerichtet werden. Mitte Juli 1915 hatten sich so neben Nachrichten- und Versorgungsabteilungen folgende Kommandostellen mit dem ganzen dazugehörigen Troß in Moos und Sexten häuslich niedergelassen:

— *Bataillonskommando des I. Bataillons des Bayerischen Infanterie-Leibregiments*
— *Bataillonskommando des Standschützenbataillons Innsbruck I*
— *Bataillonskommando des Standschützenbataillons Innsbruck II*
— *Kommando der Preußischen Fußartillerie-Batterie Nr. 102 (Batterie Rose)*

Angesichts einer derartigen militärischen Präsenz wurde die Ortschaft automatisch zum militärischen Ziel. Hatten die ersten italienischen Granaten seit 27. Juli noch den Batteriestellungen auf Innergsell und vor allem den beiden Festungen gegolten, so zielten die italienischen Kanoniere ab 31. Juli auch auf den Ort selbst.

Die letzte entscheidende Provokation war wohl jene Kompanie des Infanterieregiments Nr. 14, die bei hellichtem Tage und bei klarer Sicht unter den Augen des italienischen Beobachters auf dem Papernkofel in das Dorf einmarschierte und dort lagerte. Die offensichtlich für diese Einheit bestimmte 15-cm-Granate traf das Haus des Bürgermeisters, tötete dessen Tochter und verwundete seine Frau schwer.

Die Ortschaft Moos nach dem Brand vom 6. September 1915

Einschlag einer 21-cm-Granate auf der Betonbrücke vor der Handlung des Anton Holzer in Moos

Handlung

Tags darauf, es war Sonntag, schlug ein Geschoß in die von Soldaten vollbesetzte Veranda des Gasthofs „Post". Der damalige Leutnant und Bataillonsadjutant Mörl schrieb darüber:

„Die Wirkung war grauenhaft. Sieben Leute, darunter Schütze Bachlehner vom Bataillon Innsbruck II, waren sofort tot, neun andere verwundet. Ein Mann stürzte hilferufend aus den Trümmern und hielt seine Eingeweide in den Händen. Er und noch ein anderer starben bald. In der Veranda ein entsetzliches Gemisch von Blut, vergossenem Wein und Bier, überall dicker Staub auf den Toten..."

Ein weiterer Augenzeuge, der Feldgeistliche Dr. Reinhold Rainalter, beschreibt die Vorgänge so:

„Schon am 31. Juli beschoß die feindliche Artillerie Sexten, wobei ein 19jähriges Mädchen getötet und mehrere Bewohner verwundet wurden. Am nächsten Tage, Sonntag, schlug abends eine italienische Granate in den Großgasthof „Post" ein. Acht Personen waren tot... Schnellstens war ich von Moos herbeigeeilt und kam gerade recht, einem sterbenden Galizianer von der Arbeiterkompanie die hl. Ölung zu spenden.

Daß nunmehr vom Abschnittskommando der harte Befehl kam, die Zivilbevölkerung habe sofort Sexten zu räumen, ist wohl erklärlich. Wer geschaut, wie die leiderfüllten Bewohner, beladen mit der notwendigsten Habe, ihr Vieh vor sich hertrieben und in eiliger Flucht sich und ihre Kinder in Sicherheit brachten, dem blutete das Herz... Von den 1500 Einwohnern waren 500 beim Heere, so daß von der männlichen Bevölkerung nur Knaben und gebrechliche Greise zu Hause blieben ...Verwandte und Bekannte im Pustertal, besonders in Niederrasen, gewährten eine Zufluchtsstätte."

Angesichts dieser Ereignisse muß man sich heute fragen, warum der Ort nicht schon während der Beschießung der Festungen evakuiert worden war. Die militärische Führung scheint die Beschießung nicht sehr ernst genommen zu haben; wie soll man sich sonst erklären, daß Soldaten ungehindert an einem vom Feind eingesehenen Ort sitzen konnten und sich Bier und Wein schmecken ließen. Hinsichtlich dieser Tatsachen muß heute die Bemerkung erlaubt sein, daß die Zerstörung Sextens möglicherweise nicht derartig schwer erfolgt wäre, wenn die militärischen Stellen die Ortschaft gemieden hätten.

Erst im Jahre 1917 regelt ein schriftlicher Befehl das Verhalten von Truppen im Gemeindegebiet von Sexten! Über die weitere Zerstörung Sextens schreibt Feldkurat Rainalter weiter:

„Ein erschütternd großartiges Schauspiel voll unvergeßlichen, erschauernden Eindrucks bot der 12. August, ein Donnerstag. Der

Brandruinen des Ortes Sexten nach der Beschießung vom 12. August 1915

Veranda und Garten des Gasthauses „Zur Post" nach dem Einschlag einer 15-cm-Granate am Nachmittag des 31. Juli 1915. Sieben Tote und neun Schwerverwundete waren zu beklagen.

Die zerstörte Kirche und der Friedhof in Sexten nach den ersten Schneefällen im Winter 1915

Gegner vermutete fälschlich in der Pfarrkirche des von der Bevölkerung geräumten Dorfes eine Munitionsniederlage oder eine Abteilung unserer Truppen. Suchend und tastend fiel Granate um Granate an die Kirchenmauern in den Friedhof, gegen halb drei Uhr nachmittags flogen über den Kreuzberg her die ersten zündenden Brandgranaten und trafen bald die Pfarrkirche. Das Feuer nahm rasch an Ausdehnung zu, erfaßte den Pfarrhof, und bald schossen prasselnd und zischend Feuersäulen aus den umliegenden Häusern und Scheunen. Ein schriller, wimmernder Ton, — die Glocken stürzten von der Höhe zu Boden. Unsere Soldaten waren aus den nächsten Stellungen herbeigeeilt, um den verheerenden Brand zu löschen und zu retten, was Kirche, Pfarrhof und Wohnhäuser an Kostbarem und wertvollen Habseligkeiten bargen. Doch der Hilfsbereitschaft ward nur kurze Zeit gegönnt. Die pflichttreuen Wehrmänner wurden vom Kugelregen aus feindlichen Schrapnells vertrieben, und nun schritt die ungehemmte Ausbreitung des Brandes verhängnisvoll schnell fort. Die ganze Nacht über lohte blutigroter Schein vom brennenden Dorfe zum Himmelsgewölk. Das glosende Gebälk der Kirche und des Turmes erglühte zeitweise im Wind, als sei es mit elektrischen Lichtern besetzt — eine schaurigflammende Beleuchtung.

Gasthof „zur Post". Vom einstigen Treffpunkt für Einheimische und Touristen blieben nur noch einige leere Mauern.

In den Morgenstunden des folgenden Tages lagerten mächtige Schwaden schwarzen Qualms und riesige Rauchsäulen über einer glimmenden Brandstatt von friedlichen Siedlungen, die Feuer und Flammen vernichtet hatten..."

Bei diesem Großbrand wurden die Kirche und 22 Häuser, darunter auch das Schulhaus und das Gemeindehaus, ein Raub der Flammen.

Auch der Ortsteil Moos, der schon längere Zeit evakuiert und wohl deshalb verschont worden war, wurde noch schwer zerstört: während der schweren italienischen Angriffe gegen die Kreuzbergstellung am 6. September unterbanden die Italiener die durch Moos verlaufende österreichische Nachschublinie, indem sie den Ort mit schwerer Artillerie beschossen. Durch eine 28-cm-Granate wurde ein Feuer entfacht, das sich rasch ausbreitete und den Ortskern zerstörte.

Im Jahre 1917 kam es durch italienische Brandgranaten (Juni und Juli) zur Zerstörung weiterer Gebäude, und im November verursachten unvorsichtige österreichische Soldaten noch einen Brand, dem vier Häuser zum Opfer fielen.

Insgesamt wurden in Moos 17 Häuser und die Filialkirche eingeäschert.

K.u.k.Abschnittskommando Kreuzberg.

Res.No.830/1.

An

das k.u.k. 21. Gebirgs-Brigadekmdo

Feldpost 526, am 3.August 1917. Feldpost 526

Auf Op No.631/1 wurde im Abschnittskommando-Befehl No.92 v. 3.August l.J.folgendes verfügt:

„Sämtlichen im Orte Sexten und den umliegenden Gehöften untergebrachten Truppen wird es aufs Strengste untersagt durch auffallende Bewegungen, Feuermachen, Wäschetrocknen etc. die Aufmerksamkeit des Gegners auf sich zu lenken, da sonst eine Beschießung Sextens wieder zu gewärtigen ist.

Der Anbau-Offizier hat dafür Sorge zu tragen, daß auf den vom Feinde eingesehenen Flächen bei Tage nur ganz kleine Arbeitspartien (8 bis 10 Mann) und diese auf wenigstens 100 bis 150 Schritt von einander arbeiten. Für die strikteste Befolgung des Befehles sind die bei den Erntemannschaften eingeteilten Zugskmdten verantwortlich zu machen.

Nach Bedarf und Möglichkeit ist reine Nachtarbeit einzuschalten.

Die in Sexten untergebrachte Ma.Komp.87 darf nur in kleinen Gruppen, diese mit sehr großen Abständen voneinander und auch mit Ausnützung der an den beiden Seiten des Tales befindlichen Waldrändern zur Arbeit marschieren.

Während der Rastzeit, insbesonders während der Menage, muß grundsätzlich alles in Häusern sein, nur nach Einbruch der Finsternis ist der Aufenthalt im Freien gestattet.

Analog gelten vorstehende Befehle auch für die im Raume Königswarte-Moos untergebrachten Teile des Baons 1/64 und des komb.Baons Obstlt. Koreys.

Ich werde mich gelegentlich meines Besuches der Stellungen von der Befolgung dieser Anordnungen überzeugen. Regelmäßig hat der Trainreferent, Oblt.Richter, und der ProvOffz.Lt.Dr.Senn die Strecke Watschingerhof-Königswarte abzugehen und mir sofort von jedem vorgefundenen Verstoß nach dieser Richtung hin zu melden.

Die vorgenannten Offiziere regeln den Dienst im gegenseitigen Einvernehmen, doch muß täglich mindestens einmal die Strecke von mindestens einem der beiden Offiziere begangen werden."

Cornaro[?]

K.u.k.21.Gebirgsbrigadekommando

Präs. am 4/VIII 1917 vormittag nachmittag

zu Op Nr. 631 Blg

Innenansicht der zerstörten Pfarrkirche in Sexten →

Der italienische Angriff auf Roteck am 4. August 1915

Der Monat August brachte schwere Angriffe der Italiener an der gesamten Tiroler Front. Nachdem es ihnen bisher nicht gelungen war, die österreichischen Linien zu durchstoßen, sollte nun eine tief gestaffelte und massierte Offensive den Durchbruch durch die Flanken der Tiroler Sperranlagen erzwingen.

Hierzu waren im Grenzunterabschnitt 10 Hauptangriffe auf das Zinnenplateau und auf Burgstall und Seikofel/Roteck angesetzt. Nebenangriffe sollten im Fischleintal und im Raum Eisenreich-Frugnoni österreichische Kräfte binden.

Die seit Anfang Juli 1915 auf Burgstall-Seikofel-Roteck vorgeschobene Widerstandslinie der Österreicher ging ihrer schwersten Belastungsprobe entgegen. Die Verteidigung der Roteckstellung war seit 31. Juli dem X./14 und verschiedenen Standschützenabteilungen übertragen; zum Zeitpunkt des italienischen Angriffs lagen die 2. Kompanie X./14, die MG-Abteilung des Bataillons und ein Zug der Standschützenkompanie Hall am Roteck selbst und ein weiterer Zug in der vorgeschobenen „Karbachstellung" (später „Äußere Sarre").

Den Angriff gegen Roteck hatte die Brigade „Basilicata" der 10. Italienischen Armee vorzutragen. Als erste Linie (Welle) war das I./IR 92, als zweite Linie zwei Kompanien des II./IR 92 befohlen.

Österr. Stellungen und Unterkünfte auf Roteck. Im Vordergrund China-Sattel, hinten Bildmitte die Drei Zinnen

Der Anmarsch der Angreifer war verhältnismäßig weit und führte durch außerordentlich offene Almwiesen. Einziger Vorteil der Italiener im Vorgelände von Roteck bestand in der Geräuschkulisse, die Karbach und Pullbach verursachten. Begünstigt vom Tosen dieser Bäche und von Dunkelheit und Nebel, konnte sich das I./IR 92 in der Nacht vom 3. auf 4. August bis vor die Drahtverhaue der Österreicher heranarbeiten.

Als die Österreicher im Morgengrauen wie immer ihre starke Nachtbesatzung durch die schwächere Tagwache ablösten, überwanden die italienischen Infanteristen die Drahtsperren, drangen in die Gräben der Roteckstellung ein und erreichten zügig die ersten Unterkunftsgebäude. Die Überraschung war gelungen und ein großer Teil der wichtigen Roteckstellung in italienischem Besitz.

Doch sofort setzte der österreichische Gegenschlag ein: Die auf dem Weg nach Hochgränten abrückende Nachtbesatzung der 2. Kompanie X./IR 14 kehrte um und konnte mit vehement vorgetragenem Stoßtruppeinsatz einen Teil der Stellung auf Anhieb zurückerobern. Als es nun noch gelang, ein überhöht wirkendes Maschinengewehr in Stellung zu bringen, waren die Italiener bald wieder aus den eigenen Gräben vertrieben. Auch ein erneuter, sofort ansetzender Stoß der italienischen zweiten Linie konnte erfolgreich abgewehrt werden.

Die Österreicher hatten schwere Verluste erlitten, vor allem in die Reihen der Unteroffiziere und Offiziere hatten die italienischen Angriffe empfindliche Lücken gerissen.

Hochgränten. Blick auf Dreischusterspitze. Hptm. Wallpach mit Foppa und Haberer

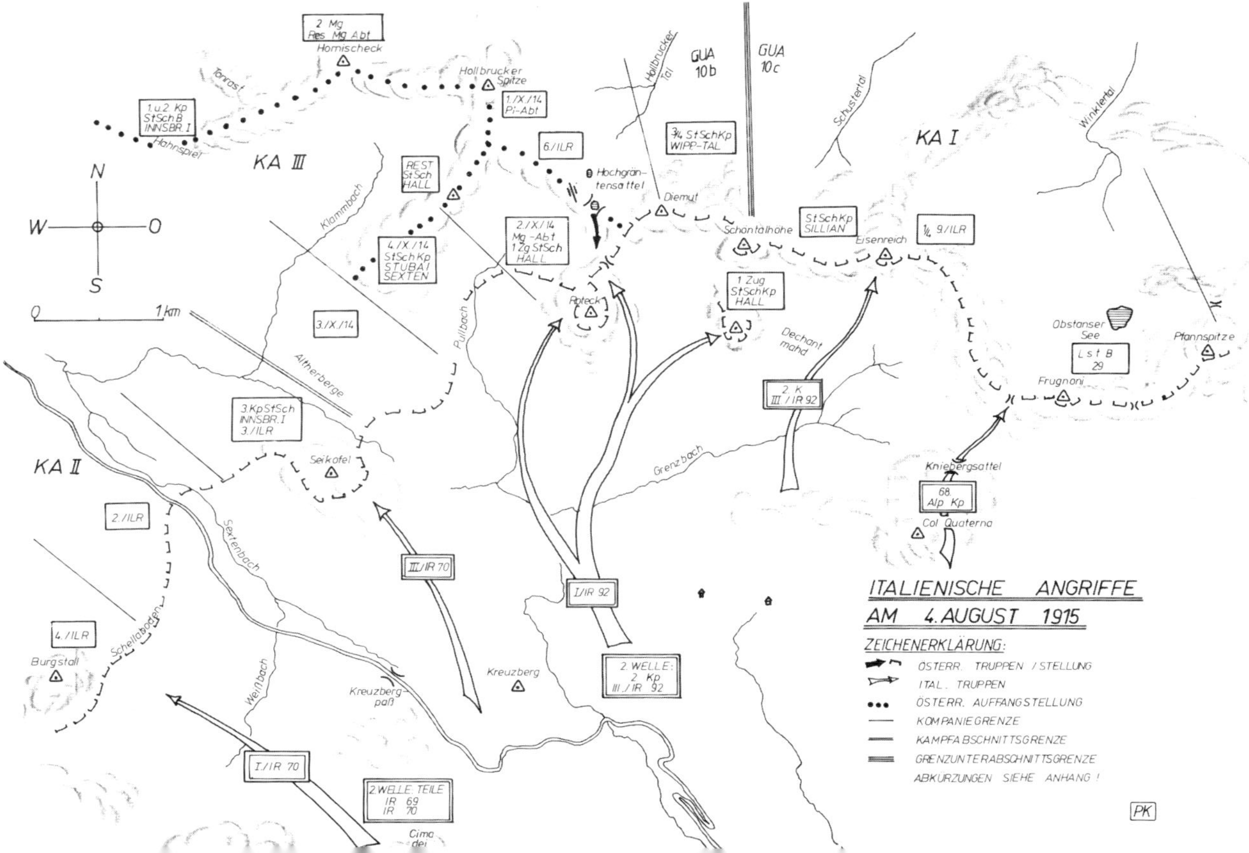
2 Mg Res Mg Abt
Homischeck
Tonrast
Hollbrucker Spitze
1./X./14 Pi-Abt
1.u.2 Kp StSchB INNSBR.I
Hahnspiel
KA III
6./ILR
REST StSch HALL
Hochgräntensattel
Diemut
Hollbrucker Tal
GUA 10b
GUA 10c
3/4 StSchKp WIPP-TAL
Schusterlal
Winklertal
KA I
N
W
O
S
Klammbach
4./X./14 StSchKp STUBAI SEXTEN
2./X./14 Mg-Abt 1 Zg StSch HALL
StSchKp SILLIAN
Schöntalhöhe
Eisenreich
1/4 9./ILR
0
1 km
3./X./14
Pullbach
Roteck
1 Zug StSchKp HALL
Dechant mahd
Obstanser See
Pfannspitze
Lst B 29
Altherberge
2. K III/IR 92
Frugnoni
3.KpStSch INNSBR.I 3./ILR
Seikofel
KA II
Grenzbach
Kniebergsattel
68. Alp Kp
Col Quaterna
2./ILR
Sextenbach
III/IR 70
I/IR 92
ITALIENISCHE ANGRIFFE
AM 4. AUGUST 1915
ZEICHENERKLÄRUNG:
ÖSTERR. TRUPPEN / STELLUNG
ITAL. TRUPPEN
ÖSTERR. AUFFANGSTELLUNG
KOMPANIEGRENZE
KAMPFABSCHNITTSGRENZE
GRENZUNTERABSCHNITTSGRENZE
ABKÜRZUNGEN SIEHE ANHANG!
4./ILR
Schellaboden
Burgstall
Kreuzberg
2. WELLE: 2 Kp III./IR 92
Weißbach
Kreuzbergpaß
I./IR 70
2.WELLE: TEILE IR 69 IR 70
Cima dei
PK

Feldwache Burgstall. Im Hintergrund der Neunerkofel

Und immer wieder stürmten die italienischen Infanteristen an, noch einmal konnten sie Teile der Roteckstellung unter ihre Kontrolle bringen. Am Nachmittag des 4. August mußten die Österreicher sogar die letzte verfügbare Reserve, die 1. Kompanie X./IR 14 und die Pionierabteilung, einsetzen, um die Italiener abzuwehren. Die Entscheidung des Gefechtes am Roteck zugunsten der österreichischen Verteidiger war eher zufällig begründet: obwohl kein Artilleriebeobachter unmittelbar Einsicht in das Gefechtsfeld hatte, schlug eine österreichische 15-cm-Granate in eine zum Angriff versammelte italienische Kompanie. Sie löste unter den Soldaten eine Panik aus, die von den italienischen Offizieren nicht mehr unter Kontrolle zu bringen war und in Flucht umschlug.

Wie schwer die Kämpfe waren, läßt sich an den Opfern ablesen. Die Österreicher hatten 110 Tote und Verwundete zu beklagen, vor der Roteckstellung lagen über 200 tote Italiener.

Im Tagebuch eines italienischen Kriegsgefangenen vom IR 91, das sich am Col Quaterná in Reservestellung befand, findet sich unter dem Datum des 4. August 1915 folgender Eintrag:

„Unser Angriff auf die feindlichen Stellungen hat stattgefunden, aber das Resultat war für uns fürchterlich. Eine unserer Kompanien war im Schutze der Dunkelheit bis an die feindlichen Gräben gekommen, aber dort konnte sie dem feindlichen Feuer nicht standhalten. Unsere Verluste sind sehr schwer, denn der Rückzug löste sich in regellose Flucht auf. Jetzt noch sieht man Verwundete herumliegen. Zwei unserer Hauptleute sind gefallen...“

Das italienische Unternehmen gegen Burgstall und Seikofel am 4. August 1915

Um 1.45 Uhr des 4. August begann auch der bereits erwartete Sturm der Italiener gegen den Seikofel.

Da von dieser scheinbar unbedeutenden Kuppe die Kreuzbergstraße und die Nemesalpe überwacht werden konnten, kam ihr die Bedeutung einer taktischen Schlüsselposition zu. Aufgrund seiner Wichtigkeit wurde der Seikofel ausnahmslos in jede Offensivtätigkeit der Italiener am Kreuzbergpaß mit einbezogen. Entsprechend schwer gestaltete sich der Dienst der Soldaten, die hier auf beiden Seiten der Front lagen.

Österr. Stellungen oberhalb von Altherberge. Hinten der von den Italienern besetzte Col Quaterná

Schon im Morgengrauen hatten die gegen die italienischen Seikofelstellungen vorgeschobenen Horchposten Geräusche und Bewegungen beim Feind gemeldet. Eine unter der Führung des Leutnants Hirn (StSchBtl Innsbruck I) im Vorfeld aufklärende Patrouille stieß im ersten Tageslicht auf die sich zum Angriff versammelnde italienische Angriffskolonne. Bei dem sich entspannenden Schußwechsel wurde Leutnant Hirn tödlich getroffen. Nach dem Abflauen des Feuers konnte sich die Patrouille zurückziehen und den bevorstehenden Angriff melden.

Auf der italienischen Seite der Front bereiteten sich zu diesem Zeitpunkt folgende Truppenkörper zum Angriff vor:

— *das II. Bataillon IR 70 als erste Linie gegen Seikofel,*
— *das III. Bataillon IR 70 als erste Linie gegen Burgstall,*
— *ein aus den Infanterieregimentern 69 und 70 zusammengestellte Gruppe als zweite Linie.*

Im Gegensatz zur Roteckstellung, wo den Angreifern die Überraschung und damit der Einbruch in die österreichischen Gräben gelungen war, waren die Verteidiger in der Seikofel- und Burgstallstellung vorgewarnt. Der kurz nach Mittag einsetzende italienische Stoß brach nach kurzer Zeit im Abwehrfeuer zusammen. Die Italiener mußten über 100 Tote vor der österreichischen Seikofel-Spitzstellung zurücklassen, die dann wochenlang unbeerdigt dort lagen und in Verwesung übergingen.

Sommer 1915. Feldmesse in den Latschen des Seikofels. Feldkurat Dr. Rainalter, Ministranten Zwillinge Mayr. In der Mitte erkenntlich Hptm. Arthur von Wallpach

Standschützen in den Schützengräben des Seikofels. Im Hintergrund Col Quaterná

Nach dem Scheitern des Angriffs verstärkten die Italiener ihr Artilleriefeuer und belegten in der Folgezeit auch die Orte Sexten und Moos wiederholt mit schweren Granaten. Zu einem erneuten Angriff gegen den Seikofel konnten sie sich erst wieder zehn Tage später entschließen. Leutnant Mörl schrieb in seinen Erinnerungen:

„Wir hatten nach dem abgeschlagenen Angriff vom 4. August gehofft, die Italiener würden sich allmählich beruhigen und es werde das Feuer der schweren Artillerie etwas nachlassen. Wir wurden in dieser Hoffnung aber grimmig enttäuscht. Das Feuer wurde von Tag zu Tag stärker.

Am 13. August war es besonders stark, und als es plötzlich abbrach, erwartete man einen Angriff. Rasch wurde die Spitzstellung besetzt. Auf das hatten aber die Italiener anscheinend gewartet. Es ging nun ein Höllenfeuer auf den nun stark besetzten Graben nieder. Ein Feuer aller Kaliber von der 7,5-cm-Kanone bis zu der 28-cm-Haubitze. So ging es den Nachmittag des 13. August, die Nacht und den ganzen Tag des 14. August. Der Schützengraben wurde umgeackert, das Drahtverhau zerstört... Tausende von Granaten waren in den letzten 24 Stunden auf den Seikofel niedergehagelt. Das Herz krampfte sich unseren Leuten in den anderen Stellungen zusammen, wenn sie auf den

Granattrichter am Seikofel. Mons. Schumacher und Hptm. Wallpach

Hptm. Rose in seinem Batteriekommando außerhalb Moos

Seikofel sahen. Man glaubte, es könne niemand mehr in dieser Hölle am Leben geblieben sein. Auch die Italiener glaubten, sie hätten alles in Grund und Boden gestampft. Das Feuer brach gegen Abend des 14. August ab. Die Italiener wollten scheinbar angreifen. Als ihnen aber beim Heraussteigen aus ihren Gräben aus der vollständig eingetrichterten Spitzstellung lebhaftes Infanteriefeuer entgegenschlug, gaben sie den Angriff auf."

Der italienische Angriff auf Seikofel und Burgstall am 6. September 1915

Der letzte großangelegte Angriff der Italiener gegen den Kreuzbergabschnitt fand am 6. September 1915 statt. Diese Offensive unterschied sich in drei wichtigen Punkten von den vorangegangenen:

1. Ziel des Angriffs war nicht der Durchbruch ins Pustertal, sondern nur die Inbesitznahme der beherrschenden Höhenlinie von Roteck bis Pfannspitze.

Die bosnisch-herzegowinische Infanterie, die sogenannten „Bosniaken", war wegen ihrer angeblichen Grausamkeit beim Feinde besonders gefürchtet.

2. Der Einsatz an Infanteriekräften war noch größer dimensioniert als bei den Angriffen im August.

3. Die sonst von der italienischen Führung eingesetzte schwere Artillerie war sehr schwach bemessen.

Der Schwerpunkt der Offensive lag im Bereich der Roteckstellung. Der Angriff kam für die Österreicher nicht unerwartet, da bereits seit 27. August eine rege Aufklärungstätigkeit der Italiener vor der Sextener Front festzustellen war. Auch das Einschießen neu in Stellung gegangener italienischer Geschütze wurde von den österreichischen und deutschen Verteidigern aufmerksam registriert.

Da die italienische Artillerie nicht in der Lage war, in der gesamten Angriffsbreite die österreichischen Drahtverhaue zu zerstören, wurden Sprengkommandos gebildet, die die Hindernisse mit neuartigen Gelatinesprengröhren öffnen sollten. Ihren größten Erfolg mit diesem Kampfmittel konnten die Italiener am Seikofel verbuchen, wo bereits kurz nach Mitternacht eine Sprengpatrouille unter Ausnutzung der stürmischen Nacht die Röhren unter die Hindernisse schob und gegen 0.30 Uhr zündete. Über die Ereignisse schrieb der Kommandeur des

K. u. k. Administrativer Grenzunterabschnitt 10b

Res. Nr. 345

713

534100 BELOHNUNGSANTRAG

über

Charge: Standschütze, Vor- und Zuname: Tschirr Josef,

Truppenkörper: k.k. Standsch. Baon Innsbruck 2, Diensteseinteilung: Komp. [illegible].

Anlaß (Waffentat, Dienstleistung u. s. w. bei Angabe von Ort und Zeit):

Hat sich beim Angriff auf Rotheck-Chinasattel am 6. IX. 1915 sehr tapfer und vorzügliches Beispiel gebend benommen. Derselbe ging mehrmals im heftigsten Feuer als Erster vor, die andern durch Zuruf und seine unerschrockene Haltung sehr aneifernd. Hat sich ebenfalls am 4. VIII. 1915 im Gefecht auf Rotheck durch mannhaftes Verhalten u. beispielgebende Tapferkeit sehr hervor u. machte sich um den guten Erfolg sehr verdient.

Verwundet oder gefallen, vermißt oder gefangen: ———

Besitzt Friedens- und Kriegsdekoration: ———

Unterschrift des Verfassers: [illegible]

Standort, am 20. Septbr. 1915.

Begutachtung des

Brigadiers: K. u. k. 56. Gebirgsbrigadekommando

Ch. N° 707/220

F.P. 222 am 25. 9. 1915. [illegible]

Divisionärs: K. u. k. Truppendivisionskommando

Res. 156/7

12. OKT. 1915 am 1915. Befürwortet! [illegible]

Antrag des

Kps.-Kmdtn.:

am 1915.

Armee-Kmdtn.: K. u. k. Landesverteidigungskommando in Tirol und Vorarlberg

Präs. am 23./10. 1915

Nr. 712/12 am /10 1915.

OB

2/10

14

I.L.R., Oberstleutnant v. Epp, in seinem Gefechtsbericht an die Brigade:

„Um 12.30 Vorm. hatte eine ital. Patrouille durch Minenrohre das Drahthindernis am linken Flügel auf 10 Meter zerstört. Der Kompanieführer Hauptmann von Krauss forderte daraufhin Sperrfeuer der Artillerie an, von welchem eine zu kurz gehende Granate eine eigene Gruppe außer Gefecht setzte. Das auch die Nacht über anhaltende Artilleriefeuer war gegen Morgen bedeutend heftiger geworden und hörte gegen 5 Uhr plötzlich ganz auf. Gleich darauf traten die feindlichen Schützenlinien aus dem Walde heraus, ihnen folgten Kolonnen. Infanterie-, Maschinengewehrfeuer und eigene Minenwerfer ließen den ... Angriff zusammenbrechen. Der Gegner ging in den Wald zurück. Ein Versuch, den rechten Flügel der 8. Komp. auf halbem Hang zu umfassen wurde durch die dort stehenden Postierungen gleichfalls abgewehrt. Etwa 7.00 Vorm. war hier der Angriff glücklich abgewiesen.“

Mittlerweile war es auch im Bereich Burgstall-Schellaboden losgegangen, wo sechs Kompanien des IR 70 die österreichischen Stellungen nehmen sollten:

„Der Angriff war 2 Tage hindurch durch ziemlich heftiges Feuer schweren Kalibers vorbereitet, das Artilleriefeuer war jedoch gegen unsere gut gedeckten Truppen ohne Erfolg geblieben ... Um 4.30 Vorm.

Provisorisches Feldlazarett im Lager Lanzinger Säge

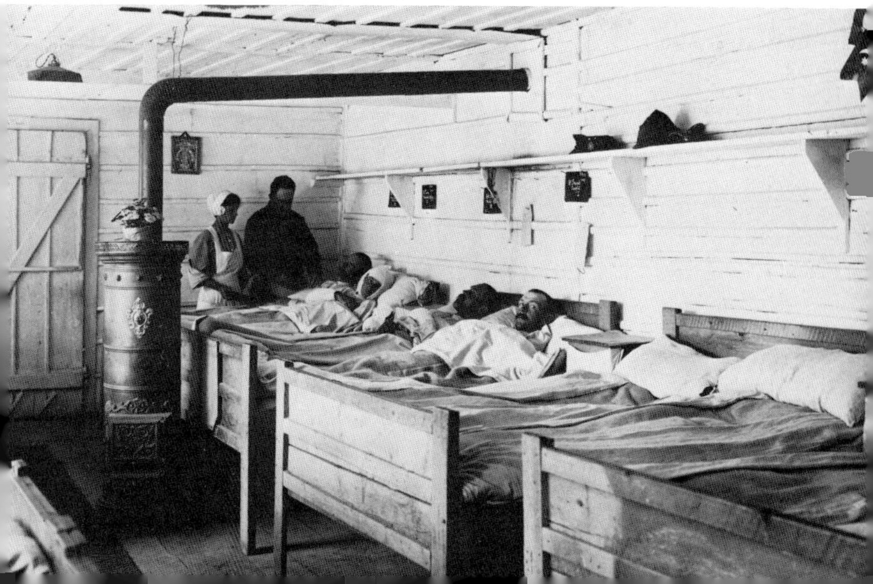

wurde das Drahthindernis an 2 Stellen durch Sprengröhren zerstört, bald darauf setzte heftiges Inf.-Feuer in der Front sowie Inf.- und Maschinengewehrfeuer vom Papernkofel her ein. Der feindliche Angriff traf zunächst auf die vorgeschobene Feldwache, welche sich wirksam feuernd auf die Hauptstellung zurückzog.

Bald darauf verstummte das Feuer vom Papernkofel, und im Walde, 50 bis 100 Schritte vor der Front, erschienen angreifende Schützen mit Drahtscheren und Äxten unter großen ‚Coraggio'- und ‚Evviva Italia'- Rufen. Dem Feuer der 4. Kom. I.L.R. hielt der Angreifer nicht lange stand, er ging sehr rasch zurück, verfolgt von eigenen Patrouillen bis zum Weißbach... Die Stellung der vorgeschobenen Feldwache wurde bald wieder besetzt. Besonders gelobt wird der österreichische Maschinengewehrzug des Leutn. Brunner.“

Trotz mehrfacher Übermacht waren die italienischen Angriffe in diesem Teil der Kreuzbergstellung schon in den Morgenstunden deutlich abgewiesen, dagegen sah es in den östlich anschließenden Frontabschnitten zu diesem Zeitpunkt noch nicht so gut aus.

Lanzinger Säge. Eidesabnahme durch Herrn Obstlt. Rotter am 24. November 1916 auf den neuen Kaiser Karl

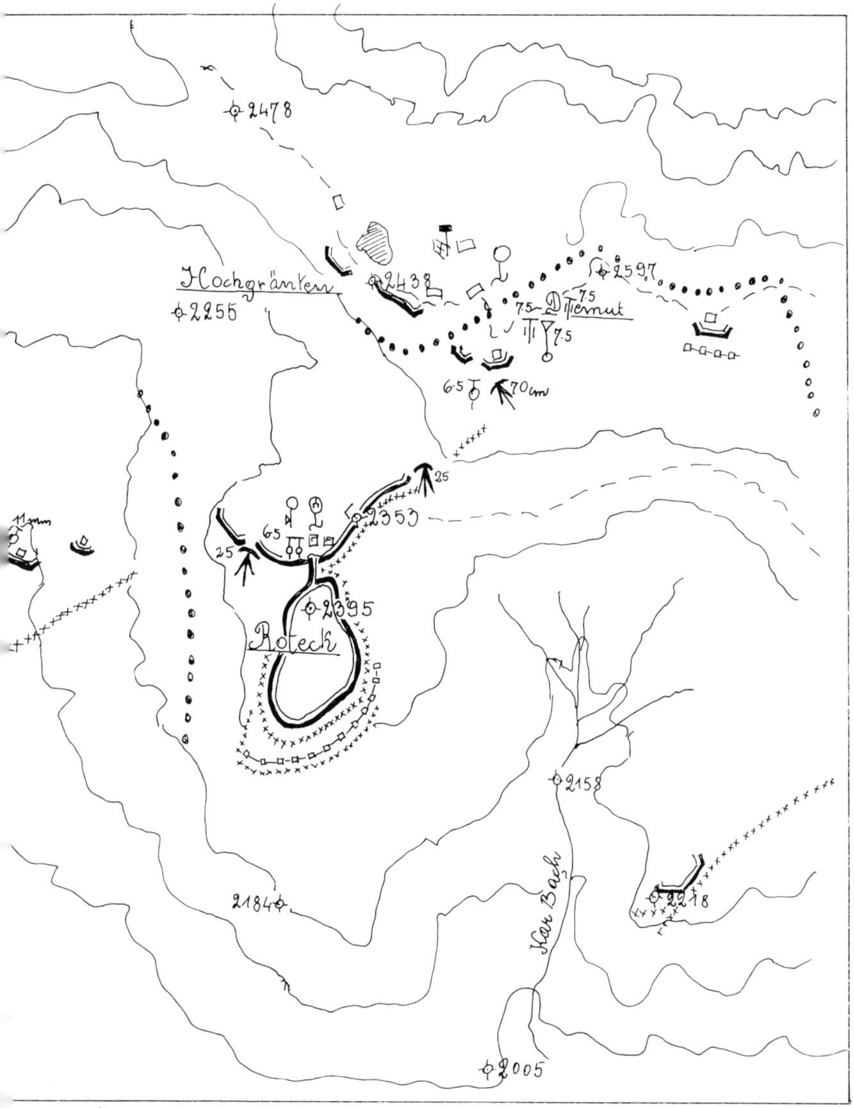

Legende

Schützen=(Laufgräben)
Unterstände, Unterkünfte
Minen
Minenwerfer
11mm Mitrailleuse
Scheinwerfer
Nachschubswege
Art. Beobachter
K.G. Grenze

Der italienische Angriff gegen Roteck und Schöntalhöhe am 6. September 1915

Durch die außerordentliche Massierung gegnerischer Infanteriekräfte kamen die österreichischen und deutschen Verteidiger in arge Bedrängnis. Im Frontbereich zwischen Klammbachboden und Frugnonispitze waren sechs kampferprobte italienische Bataillone mit insgesamt 24 Kompanien zum Angriff angetreten.

Auch hier hatten sich im Schutze der Nacht Sprengpatrouillen an die Hindernisse herangearbeitet und teilweise auch Erfolge erzielt. Kurz vor 5 Uhr morgens begann das Vorrücken der italienischen Angriffskolonnen mit den Schwerpunkten Roteck und Schöntalhöhe.

Die exponierten Stellungen auf Roteck und auf der sogenannten „Äußeren Sarre" waren dabei am meisten gefährdet.

Im Gefechtsbericht des Grenzunterabschnittskommandanten v. Epp werden die Ereignisse wie folgt geschildert:

„Der nächtliche Vormarsch der Italiener scheint sich verspätet zu haben, denn während nach dem (erbeuteten, d. V.) Regimentsbefehl des IR 92 der Angriff bereits um 4 Uhr Morgens mit dem Sprengen der Röhren beginnen sollte, traf erst um 5 Uhr Vorm. auf Roteck die Meldung der auf die Äußere Sarre vorgeschobenen Feldwache, daß Gegner im Vorrücken sei. Daraufhin wurde die in Reserve auf Roteck befindliche Radfahrkompanie 29 alarmiert, wodurch die Besetzung von Roteck sich folgendermaßen gestaltete:

Westfront von Roteck: 1 Zug der Radfahrkomp. 20

Südfront: 1 Zug Radfahrkomp. 20; 1 Zug Radfahrkomp. 29; 2 Maschinengewehre; Kommandant Oblt. Luksch

Ostfront von Roteck: 1 Zug Radfahrkomp. 20; 1 Zug Radfahrkomp. 29; 1 Maschinengewehr; Kommandant Oblt. Gallian

Auf der Äußeren Sarre befanden sich 27 Standschützen, auf dem Sattel zwischen Diemut und Roteck („China-Sattel", d. V., siehe (7)) 17 Standschützen und 8 Radfahrer.

Kurz nach dem Einschieben der Radfahrkomp. 29 begann der Angriff auf Süd- und Ostfront von Roteck. Im Infanterie- und Handgranatenfeuer kehrte der Angreifer sofort um und grub sich auf halbem Hange im toten Raume ein.

Besonders verdient um Abweisung des Angriffs machte sich die Gebirgskanonenbatterie 8, welche frühzeitig die Reserve des Angreifers (etwa 1 Komp.) zur Umkehr brachte und dann durch Sperrfeuer in die Mulde westlich der Äußeren Sarre die im folgenden beschriebene Gefangennahme des unterhalb Diemut festgesetzten Gegners erleichterte.

Etwa 5.30 Vorm. erhielt die Roteckstellung lebhaftes Maschinengewehrfeuer aus östl. Flanke und Rücken. Oblt. Obst fiel, Oblt. Lerch wurde schwer verwundet, Oblt. Luksch übernahm das Kommando im Unterabschnitt Roteck. Die Verluste kommen daher, daß eine feindliche Abteilung in Stärke mindestens 1 Zuges mit einem Maschinengewehr sich auf dem Abhang der Diemut oberhalb des Sattels zwischen Diemut und Roteck festgesetzt hatte. Auf die Meldung hiervon habe ich dem Major von Schönner die halbe 6. Komp. I.L.R., von welcher 1 Zug schon am Hochgräntensee stand, zur Verfügung gestellt mit dem Auftrage, dem Oblt. Schumann das gesamte Kommando auf Hochgräntensattel und Diemut zu übertragen, die feindl. Kräfte hinunterzuwerfen oder gefangenzunehmen und das Maschinengewehr zu erbeuten.

Oblt. Schumann setzte nach persönlicher Erkundung einen Zug zum flankierenden Gegenangriffe von Diemut aus gegen den eingedrungenen Gegner an, während dieser durch Feuer deutscher Patrouillen von Hochgränten und eines Maschinengewehrs der Ostfront von Roteck beschäftigt und durch die Postierungen auf der Äußeren Sarre am Zurückgehen gehindert wurde.

Der durch 7 Handgranatenwerfer der 6. Komp. mit Unterstützung von nachfolgenden Schützen geführte Angriff gelang vollständig; der

Feldmarschall Erzherzog Friedrich (1856—1936). Erster Armeekommandant der gesamten k. u. k. bewaffneten Macht Österreich-Ungarns auf Inspektion in Innichen am 24. 11. 1915. Dekoration der Schützen Penz und Fröhlich mit der kleinen Silbernen

eingedrungene Feind ergab sich, 6. Komp. und Radfahrkomp. 29 erbeuteten je 1 Maschinengewehr, und der Sattel zwischen Roteck und Diemut wurde von einem Zug der 6. Komp. besetzt.

Gegen Mittag war der Angriff der 2 Bataillone völlig zusammengebrochen. Die Reserven waren im Artilleriefeuer umgekehrt, die Schützenlinien teils zusammengeschossen, teils gefangen, was sich noch in schußtoten Räumen hielt, wurde von Artillerie (besonders den beiden 15-cm-Haubitzbatterien an Kreuzbergstr.) gefaßt und ging aufgelöst über den Grenzbach zurück, verfolgt von den Schrapnells der 12-cm-Batterie, der Gebirgskanonenbatterie 8 und der 10-cm-Haubitze.

In den frühen Nachmittagsstunden wurde der ganze Hang vor Roteck dadurch gesäubert, daß sich zahlreiche Gefangene freiwillig in unseren Stellungen einstellten und eine Patrouille den Abhang absuchte.

Getrennt vom Angriff auf Roteck erfolgte der Angriff auf Schöntalhöhe, welche von etwa 60 Standschützen des Bataillons Silz unter Führung des Oblt. Hildebrandt des Radfahrbataillons verteidigt wurde.

Auf die Meldung der Feldwache III, daß feindliche Abteilungen durch Karbachtal gegen Schöntalhöhe anstiegen, wurden die Feldwachen verstärkt (etwa 5.30 Vorm.). Zwischen 7 und 8 Uhr wurde der angreifende Gegner in der Front und beiden Flanken beschossen und ging unter Verlust von mindestens 30 Toten, 2 Offiziere und 58 Mann als Gefangene, fluchtartig zurück.

Nach dem Abbröckeln der Italiener von Roteck-Diemut-Schöntalspitze setzte wieder Feuer schwerer Artillerie auf Roteck-Diemut und Schöntalspitze ein, welches, wie die Gefangenen später aussagten, die vor Roteck versteckt und verwundet liegenden Italiener traf, jedoch uns keine Verluste beibrachte."

gez. v. Epp

Ablösung der deutschen Truppen durch Kaiserjägerformationen und Abwehr des italienischen Angriffs gegen die Kreuzbergstellung am 24. Oktober 1915

Anfang Oktober 1915 wurden am östlichen Kriegsschauplatz drei Kaiserjägerregimenter frei und konnten nun endlich in ihrem Stammland eingesetzt werden.

Da auch die Deutsche Oberste Heeresleitung die Verteidigung der Dolomitenfront nun für gesichert hielt, wurde das Deutsche Alpenkorps abgezogen und weitgehend durch Kaiserjäger ersetzt. Von den

Zur Arbeit eingeteilte italienische Kriegsgefangene

Italienische Kriegsgefangene

deutschen Truppen blieben lediglich einige Artillerie- und Maschinengewehreinheiten an der Tiroler Front, um diese nicht über Gebühr von schweren Waffen zu entblößen. Hierzu gehörte auch die berühmte „Batterie Rose", die erst am 20. Dezember 1915 das Kreuzberggebiet verließ.

Am 12. und 13. Oktober 1915 kam es auch im Kreuzbergabschnitt zu dem Truppenwechsel, wobei das Bayerische Infanterie-Leibregiment von Soldaten des 2. Tiroler Kaiserjägerregiments abgelöst wurde. Der Abschied von den deutschen Truppen fiel den Österreichern, vor allem in vorderster Linie, offensichtlich schwer. Die gemeinsam ausgetragenen Abwehrgefechte vor allem der Monate August und September hatten nicht nur eine enge Waffenbrüderschaft, sondern oftmals auch persönliche Freundschaften entstehen lassen. Beide Teile hatten dabei gewonnen. Die österreichischen Truppen, vor allem die Standschützen und Landstürmer, hatten ihren militärischen Kampfwert durch die in den gemeinsamen Stellungen erlebten Kämpfe und Ausbildungen gehoben. Das Vorhandensein der als Elitetruppe bekannten „Leiber" hatte außerdem eine nicht geringe psychologische Wirkung. Die deutschen Truppen hatten ihrerseits erheblich an Gebirgstauglichkeit gewonnen.

Wie weit die Verbundenheit der an sich verschiedenen Truppenkörper ging, läßt sich daran ablesen, daß die Deutschen das Tiroler Edelweiß als Symbol ihrer Gebirgstruppen übernahmen und auch heute noch in der deutschen Bundeswehr verwenden. Bemerkenswert sind zudem die Leistungen der deutschen Stäbe hinsichtlich der Versorgung der Höhenstellungen. So wurden der Bau automobiltauglicher Straßen und die Errichtung von Seilbahnverbundnetzen erst unter dem Befehl Krafft von Dellmensingens in der notwendigen Größenordnung geplant und auch eingeleitet.

Mit den drei Kaiserjägerregimentern kam eine kampferprobte Truppe nach Tirol, die das Land schon von Übungen in Friedenszeiten her kannte. Deshalb gestaltete sich ihre Anpassung an das Gebirgsgelände und an die bereits eingesetzten Truppen problemlos. Insbesondere das Verhältnis zu den Standschützen, die ja teilweise von regulären Heerestruppen als minderwertig belächelt wurden, obwohl sie ihren Wert mehrmals mit Erfolg unter Beweis gestellt hatten, konnte als sehr gut bezeichnet werden.

Es dauerte nicht lange, bis sich die Kaiserjäger auch in ihren neuen Stellungen zu bewähren hatten.

Die Italiener planten für Ende Oktober 1915 eine Großoffensive an der Isonzofront. Um möglichst viele österreichische Truppen zu bin-

Schießübung der Tiroler Kaiserjäger bei Innichen

den, sollte die 4. Italienische Armee unter Generalleutnant Robilant ab 18. Oktober Demonstrationsangriffe im Cadore durchführen. Diese Angriffe trafen hauptsächlich die Stellungen in den Räumen Col di Lana—Travenanzes und Schönleitenschneid—Val Popena. Sie begannen am 19. und dauerten bis 24. Oktober.

Erst am letzten Tag dieser fünftägigen Angriffsphase kam es auch zu einer Aktion gegen die Kreuzbergstellung.

Teile des Infanterieregiments 70 stießen in drei Angriffskolonnen gegliedert gegen die gut gesicherten Gräben der Kaiserjäger am Schellaboden, links und rechts der Kreuzbergstraße und am Seikofel vor.

Der mit sichtlich wenig Schwung geführte Angriff wurde kaltblütig abgewehrt und blieb auf ganzer Linie vor den österreichischen Hindernissen liegen. Die Kampfmoral der italienischen Truppen muß zu dieser Zeit an einem Tiefpunkt angelangt gewesen sein, was angesichts der gewaltigen Blutopfer, die die nun schon monatelang andauernden Angriffe gefordert hatten, durchaus verständlich erscheint.

Das Unternehmen gegen die italienische Weißbachstellung am 14. November 1915

Um sich ein genaueres Bild von der Stimmung der Italiener machen zu können, sollten noch vor Einbruch des Winters Aktionen stattfinden mit dem Ziel, Gefangene einzubringen. Für den Kampfabschnitt III des Grenzunterabschnitts 10b, dessen Kommandant Major v. Cordier war, wurde diese Aufgabe dem Leutnant Christian Graf v. Wolkenstein übertragen, einem direkten Nachfahren des berühmten Tiroler Dichters und Sängers Oswald von Wolkenstein.

Leutnant v. Wolkenstein, Zugführer in der 16. Kompanie (IV. Btl., 2. TJR), bereitete sich äußerst gewissenhaft auf seinen Auftrag vor. Das vor seiner Zugstellung liegende Gelände, durch das die Annäherung an die feindliche Stellung erfolgen sollte, wurde genauestens erkundet. Ein Teil des Weges durch das Niemandsland wurde bereits in der Vorbereitungsphase von dem tiefen und grundlosen Schnee befreit, der das Vorankommen in dem steilen, latschenbewachsenen und von Steinblöcken durchsetzten Hang erheblich behinderte. Der Operationsplan v. Wolkensteins sah vor, mit seiner Hauptgruppe in den linken Flügelstützpunkt der italienischen Weißbachstellung einzudringen, Gefangene zu machen und sich wieder abzusetzen, während zwei Demonstrationsgruppen links und rechts von ihm die Aufmerksamkeit

Christoph Graf zu Wolkenstein-Rodenegg, k. u. k. Leutnant im 2. Regiment der Tiroler Kaiserjäger, hochdekorierter Führer von waghalsigen Patrouillengängen. Am 1. Juni 1916 durch einen Brustschuß bei Posina verwundet, starb er am 8. Juli 1916 nach mehr als einmonatigem Todeskampf.

des Gegners auf sich ziehen sollten. An der Aktion waren Freiwillige der 12., 15. und 16. Kompanie und der Innsbrucker und Sillianer Standschützen beteiligt, insgesamt rund 100 Mann, die in acht Gruppen aufgeteilt genaueste Instruktionen erhielten. Bei der Hauptgruppe v. Wolkensteins befanden sich mit den Oberjägern Goller (dem Freund und Kampfgefährten Sepp Innerkoflers) und Froidl zwei Standschützen, die sich bereits mehrere Male durch besondere Tapferkeit ausgezeichnet hatten und die auch bei diesem Unternehmen entscheidend zu dessen Gelingen beitrugen.

Behindert von Dunkelheit und Schneetreiben beginnt in den späten Nachtstunden des 14. November das Vorrücken. Die Angriffskolonne geht zunächst geschlossen vor, um sich wenige hundert Meter vor der feindlichen Stellung in die verschiedenen Gruppen aufzuteilen.

Lt. v. Wolkensteins Abteilung, die den kürzesten Weg zurückzulegen hat, ist als erste am italienischen Drahtverhau, durchschneidet es und gelangt unbemerkt an die hartgefrorenen Sandsäcke des Stützpunkts. Wolkenstein, Goller und Froidl überwinden als erste die Grabenbrüstung, machen einen italienischen Posten nieder und dringen in einen nahe liegenden Unterstand ein, wo sie fünf überraschte Italiener gefangennehmen. Mit der nun alarmierten und von beiden Seiten heraneilenden Restbesatzung des Stützpunktes entwickelt sich ein kurzer, aber heftiger Kampf. Die in die dicht herandrängenden Italiener geschleuderten österreichischen Handgranaten richten ein fürchterliches Blutbad an, zwölf Italiener bleiben tot oder verwundet liegen. Doch das Ziel des Unternehmens ist erreicht, und unter Mitnahme der fünf Gefangenen löst sich Leutnant v. Wolkenstein mit seinen Männern vom Feind und erreicht gegen 8.45 Uhr wieder die Kompaniestellung am Schellaboden.

Die Befragung der Gefangenen bestätigte die Vermutung, daß es mit der psychischen und physischen Verfassung der italienischen Soldaten nicht zum besten stand.

Offensichtlich wurden auf italienischer Seite gerade die einfachen Soldaten in den Höhenstellungen benachteiligt, vor allem was Bekleidung, Nachschub und Unterkunft betraf.

Die weiße Hölle

Mit dem Winter zog noch ein Feind ins Land: die ungeheuren Naturgewalten des verschneiten Hochgebirges.

Nie zuvor in der Menschheitsgeschichte war eine solche Masse an Menschen und Material gezwungen, in derartig exponierten Höhenla-

Leutnant von Wolkenstein im Kreise seiner tapferen Patrouilleure

gen zu überwintern. Wetter- und Lawinenlage bewirkten immer wieder die größten Probleme bei der Versorgung der in vorderster Linie stehenden Soldaten. Die Zugangswege zu den Stellungen führten meist durch tief eingeschnittene Täler, die geradezu prädestiniert waren für Lawinenabgänge. Unzählige Menschen mußten auf solchen Versorgungswegen in Lawinen ihr Leben lassen; vor allem die für Trägerdienste eingesetzten russischen Kriegsgefangenen wurden durch Lawinenunglücke regelrecht dezimiert. In diesem Zusammenhang muß bemerkt werden, daß die Behandlung dieser Russen durch die österreichischen Truppen bei weitem nicht ihren Leistungen entsprach:

„Wohl niemand vom Bataillon hätte trotz aller Frontgefahren mit diesen armen Teufeln (den Russen, d. V.) getauscht. Tag für Tag mußten sie, mit schweren Lasten bepackt, von Kartitsch in unsere Höhen von 2700 Meter ansteigen, dabei war ihre Verpflegung mangelhaft und oft ungenügend. Kam der Transport in den Stellungen an, so stürzten die Russen wie ausgehungerte wilde Tiere auf die Abfallhaufen und waren glücklich, leere Konservenbüchsen zu finden, die sie mit Wonne ausleckten. Oder sie gruben Fleischknochen aus, an denen noch einige Fasern hingen. Und ein schimmeliges, hartes Stück Brot erschien ihnen als Leckerbissen.“ (Pölzleitner, „Berge wurden Burgen“)

Das Wissen um die Gesetzmäßigkeiten und Zusammenhänge von Wetter, Schnee und Lawinen steckte in den Kinderschuhen, es fehlte an Erfahrung und an erfahrenen Bergführern.

Auch die manchmal einzige noch mögliche Fortbewegungsart, der Skilauf, stand am Anfang seiner Entwicklung, und entsprechend primitiv waren Technik und Ausrüstung.

Oft blieben die Höhenstellungen tagelang ohne Nachschub und ohne Verbindung zur Außenwelt. Noch schlimmer als im Winter 1915/16 kam es dann im darauffolgenden Jahr. Selbst die ältesten Einwohner von Kartitsch und Obertilliach konnten sich nicht daran erinnern, jemals solche Schneemengen gesehen zu haben.

„Unheimliche Schneemassen fielen täglich vom Himmel. Selbst bei Nacht hörten wir das Brausen und Dröhnen der Lawinen nach Obertilliach herein. Und dieser unausgesetzten Vernichtungswut konnten auch die Stützen der zwei Seilbahnen (Nr. 58a Hochgränten und Nr. 59 Winklertal, d. V.) nicht entgehen, sie wurden weggerissen. Die Besatzung der Stellungen war abgeschnitten. Mit Trägerkolonnen war's nicht zu schaffen. Metertief blieben die Wege verweht und verschüttet. Darüber hin sausten die Lawinen und zerstörten von Grund aus die Telephonleitungen und hinderten jeden Versuch ihrer

Deutscher Artilleriebeobachter mit Scherenfernrohr

Feldwache der Standschützen von Innsbruck I auf Nemesalpe am 7. 10. 1915

Instandsetzung. Und weiter fielen die großen Flocken...“ (Pölzleitner „Berge wurden Burgen“)

In diesem Inferno entfesselter Naturgewalten konnten auch größere Unglücke nicht ausbleiben.

Am 13. Dezember 1916 kam es im Raum Obstans zu einer Lawinenkatastrophe, von der ein genauer Bericht des dortigen Abschnittskommandanten Hauptmann Schörg vorliegt (Exh. Nr. 879 vom 16. 12. 1916):

„Infolge der abnormen Witterungsverhältnisse war die Gefährdung des Lagers Obstans speziell in seinem nördlichen Teil vorauszusehen. Ich hatte schon am 11. d. M. nach Abgehen einer starken Lawine von der Gatterspitze gegen den Verbindungsweg Kopfstation der Seilbahn zum Lager, wobei 7 Mann verschüttet wurden, Gegenmaßnahmen getroffen, die Wäscherei und Badeanstalt wurden geräumt und der Betrieb eingestellt. Zwei Lawinenposten waren aufgestellt, und zwar der eine im Lager bei der Mannschaftsbaracke, der zweite bei der Kopfstation der Seilbahn, mit der Weisung, daß die gefährdete Wegstrecke mit entsprechender Vorsicht passiert werde. Ferner hatte jeder Professionist, welcher zum Betreten seiner Werkstätte genötigt war,

Einlangen der Hundekolonne in Kartitsch

beim Abgehen dorthin sich beim Posten abzumelden. Den Verkehr vollkommen einzustellen war naturgemäß undurchführbar.

Am 13. d. M. 8.15 Uhr vorm. brach bei starkem Schneefall neuerdings eine mächtige Lawine von der Gatterspitze gegen das Lager zu ab, die Badeanstalt, Wäscherei, Werkstätten und Latrine unter sich begrabend. Der äußere Rand der Lawinenzone erreichte knapp das Marodenhaus. Ich begab mich an die Unfallstelle und verfügte folgendes: Absuchen des verschütteten Gebietes mit Sondierstangen durch die Rettungspatrouille. Gleichzeitig wurden von dieser Beobachtungsposten gegen neuen Lawinenabbruch mit vereinbarten Alarmsignalen zur Sicherung des Arbeitsfeldes aufgestellt. Die übrigen zu Rettungsarbeiten herangezogenen Reservemannschaften begannen, in 3 Gruppen geteilt, unter Kommando je eines Fähnrichs die anstrengendsten Bergungsarbeiten.

Das Marodenhaus wurde sofort geräumt und die Kranken in dem Stallgebäude, welches einen relativ sicheren Platz einnimmt, untergebracht; ebenso wurde die Räumung der Mannschaftsbaracke verfügt.

Nach ca. 3stündiger Arbeit bei kolossalem Schneesturm waren die in den Gebäuden verschüttet gewesenen Leute, und zwar Schmiedewerkstätte 2, Tischlerei 1, Badeanstalt 1, Latrine 7 Mann, geborgen, darunter 2 Tote. Die übrigen kamen mit leichten Verletzungen und Nervenchok davon. Die größere Zahl der in den Werkstätten anwesend gewesenen Professionisten war durch die Morgenstunde bedingt, wo diese Leute eben ihre Werkzeuge und Material holten und sich zur Arbeit vorbereiteten. Zwei Mann, welche bis jetzt noch fehlen, dürften beim Schneeschaufeln mitgerissen worden sein. Tagsüber war sonst dort niemand beschäftigt. Nach telefonisch erstatteter Meldung an das k. u. k. Abschnittskommando Karn. Kamm und Antrag zur Räumung des Lagers, welche bewilligt wurde, begann um 11 Uhr vorm. der Abtransport der Mannschaft mit der Seilbahn. Gleichzeitig wurde eine Trägerabteilung zur Talstation der Seilbahn für den Abtransport von Kranken und Verletzten von Kartitsch aus beordert. Die Rettungsexpedition vom Tal aus leitete der alpine Referent Lt. Eckschlager.

Russische Kriegsgefangene quälen sich mit ihrer Last durch das Erschbaumer Tal.

Um ca. 1.30 Uhr nachm., nachdem bereits ein Teil der Mannschaft (ca. 30 Mann) per Seilbahn abgeschoben war, ging zur Talstation Winklertal eine neue Lawine ab, welche den oberen Teil der Talstation zerstörte und dieselbe betriebsunfähig machte. Durch das Ausspringen des Zugseiles und den enormen Luftdruck geriet ein Hunt (Seilbahnwagen, d. V.), auf halber Bahn, oberhalb des Abgrundes in derartige Schwankungen, daß die zwei oberen Laufräder aus dem Tragseil aussprangen, wobei zwei der vier Insassen in die Tiefe geschleudert wurden. Für die zwei noch im Wagen verbliebenen Leute wurde sofort mit folgender Hilfsaktion begonnen: Ein Hunt der Seilbahn 59a (Obstans—Felsriegel, d. V.) wurde abmontiert, bei der Winklertalbahn eingehängt und mit vorhandenen Rettungsseilen, Draht etc. bis zur Unfallstelle herabgelassen. So konnten die beiden Leute in zwei Fahrten wieder nach Obstans heraufgezogen werden.

Für die beiden Abgestürzten war jede Rettung aussichtslos…"

Kurz nach dem Abgang der Lawine auf die Talstation traf dort der Leiter der Rettungsmannschaft, Leutnant Eckschlager, ein. Er veranlaßte sofort die Reparatur der zerstörten Telefonverbindung und gab nach deren Wiederherstellung Hauptmann Schörg den Rat, die Rettungsarbeiten wegen der zu großen Gefahr von Nachlawinen einzustellen.

Russische Kriegsgefangene bei einer kurzen Rast

„In Obstans verblieben nunmehr ca. 80 Mann bei der Kopfstation, 40 Mann im Stallgebäude. Ich verblieb mit dem Adjutanten, dem Baureferenten und der Telefonvermittlung in der Offiziershütte, welche ebenfalls vollkommen mit Schnee verschüttet, durch Druck gefährdet war... An ein Ausschaufeln und dergleichen war bei dem orkanartigen Schneesturm nicht zu denken."

Berichte wie dieser waren in jenem Winter keine Seltenheit; in fast allen Kampfabschnitten kam es zu mehr oder weniger schweren Unglücken, und immer wieder waren Trägerkolonnen von diesen Unglücken maßgeblich betroffen.

Schon nach dem ersten Kriegswinter im Hochgebirge hatte man Konsequenzen aus den gemachten Erfahrungen gezogen und vor allem die Errichtung von Seilbahnen forciert. Bis zum Ende der Kampfhandlungen Ende 1917 wurden im Bereich zwischen Burgstall und Winklerjoch nicht weniger als 20 Seilbahnen in Betrieb genommen, nicht mitgerechnet die kleineren Handaufzüge, die sich die Truppe in den Höhenstellungen meist selbst baute.

Stellungskrieg

Nach den letzten Angriffen der Italiener im Oktober 1915 kehrte in den Kampfabschnitten um Sexten Ruhe ein. Da, wo die gegnerischen Stellungen nahe beieinanderlagen oder von der gegnerischen Artillerie stark bedroht waren, entwickelte sich der typische Stellungskrieg. Das war im Abschnitt Sexten vor allem am Seikofel, in der Klammbachbodenstellung und am Roteck der Fall. Hier wurde unter Hochdruck an der Verbesserung der Verteidigungssysteme gearbeitet, galt es doch vor allem, Schutzmöglichkeiten vor der überlegenen italienischen Artillerie zu schaffen.

Auch in den anderen Frontabschnitten blieb man nicht untätig. Nicht zuletzt, um die in Gleichförmigkeit und Langeweile der Dienstroutine nachlassende Disziplin zu erhalten, mußten die Soldaten dauernd beschäftigt werden. Dies geschah durch gezielten, auf die Verbesserung der Situation im Winter gerichteten Arbeitseinsatz, wie zum Beispiel Seilbahn-, Hütten- und Wegebau, aber auch durch Gefechtsausbildung.

Aus den Erfahrungen des vergangenen Winters hatte man gelernt; Mißstände wurden abgebaut und damit auch eine Verbesserung der Lebensqualität in den Höhenstellungen erreicht. Die auch so erzielte Festigung der Lage erlaubte es ab 1916, am Karnischen Kamm

Truppen einzusetzen, die in weniger abgeschiedenen Stellungen eine gewisse Gefahr für ihre Umgebung bedeuteten, nämlich die zu Bataillonen zusammengefaßten Trachomkranken. Es handelte sich hier um das I. und III. Bataillon des Infanterieregiments Nr. 104, die für den Grenzabschnitt von Diemut bis zur Kärntner Grenze verantwortlich waren.

Trotz ihrer gesundheitlichen Beeinträchtigung und der nicht geringen Probleme, die aus dem Zusammenwürfeln aller nur denkbarer Nationalitäten des Vielvölkerstaats Österreich-Ungarn entstanden, erfüllten diese Verbände ihre Aufgabe mit Bravour.

Die Kriegsgliederung des Grenzunterabschnitts 10 c (Oberstleutnant Zach) verdeutlicht, was außer Infanterie noch notwendig war, um die Hochgebirgsstellung zu versorgen und zu halten:

K. u. k. Grenzunterabschnittskommando 10/c *VERSCHLUSS*

Kriegsgliederung

der Truppen und Anstalten des G.U.A. 10/c am 1. August 1916

Kommanden:

G.u.A.-Kmdo. 10c Kartitsch,
Art.-Abschnittskmdo. 10c, Kartitsch
K.A.-Kmdo. Mjr. Mattanic, Hochgränten,
K.A.-Kmdo. Hptm. Schörg, Obstans,
K.A.-Kmdo. Hptm. Leuschner, Leiten,
K.A.-Kmdo. Mjr. Kolesaric, Obertilliach.

Infanterie:

kgl. ung. Ldw. Inf. Baon I/311	*(4 Kompanien)*
Inf. Baon. I/104	*(4 Kompanien)*
Inf. Baon. III/104	*(3 Kompanien)*
Alpines Detachement Nr. 8	*(1 Kompanie)*
Alpines Detachement Nr. 9	*(1 Kompanie)*

M.G. Abtlgen:

M.G.A.J.-21/V	*4 Gewehre*
M.G.A.J.-22/V	*4 Gewehre*
M.G.A.J.-23/V	*4 Gewehre*
Musketenpatrouille Nr. 20	*2 Gewehre*
4 stabile M.G.	

Minenwerfer-Abtlgen:

Nr. 16	*4 Stück 8 cm Minenwerfer*
Nr. 22	*2 Stück 9 cm Minenwerfer*

Kavallerie:

5 Meldereiter v. Drag. Rgt. Nr. 5	*Kartitsch*

Artillerie:

10 cm M.99.F.H.B. 5/8 Tscharrknollen	*2 Geschütze*
9 cm M.75.F.K.B. Frugnoni	*2 Geschütze*
9 cm M.75.F.K.B. Filmoor	*2 Geschütze*
9 cm M.75.F.K.B. Eisenreich	*2 Geschütze*
9 cm M.75.F.K.B. Pfannspitze	*2 Geschütze*
9 cm M.75.F.K.B. Winklerjoch	*2 Geschütze*
7,5 cm M.14 G.K.B. 1/12 Bärenbadeck	*2 Geschütze*
7,5 cm M.15 G.K.B. Diemut	*2 Geschütze*
4,7 cm Revolverkan. Rösslerknollen	*1 Geschütze*

Sonstige Formationen und Anstalten:

Elektrozugsgruppen IV und XXIII,
Scheinwerfergruppe Xc (8 Scheinwerfer),
Festungstelefonzug,
Kriegszughundeabteilung, in Kartitsch,
Seilbahnbetriebsleitung,
Sektion 10c des S.Z.D. Nr. 5 St. Oswald mit Depot u. Dampfsäge in Obertilliach,
Staffel E/2 Panzendorf,
Infanterieverpflegskolonne 5c, Panzendorf,
Tragtierkolonne 10c, Obertilliach,
Feldpostexpositur Kartitsch.

Arbeiter-Abtlgen:

M.A.A. 302/bh3,
Lst. Ziv. A.A. XII, (mit angegl. „U"-Abtlg.),
Lst. Ziv. A.A. XXI,
Kgf. A.A. 53,
Kgf. A.A. 81b,
Kgf. A.A. 41b.

Sanitätsanstalten:

Trachomfeldspital Kartitsch,
Feldmarodenhaus Leiten,
Feldmarodenhaus Obertilliach,

2 Lastkraftwagen,
1 Personenkraftwagen.

Im Bereich disloziert, aber nicht unterstellt:
Etappenstationskommando Panzendorf,
Mil. Verpfl. Filial-Magazin Panzendorf,
Wach- u. Ersatzabtlg. des k. k. Standschützenbataillons Sillian in Tassenbach,
Filiale der Divisions-Marketenderei in Panzendorf (in der Errichtung).

Zuständige Gendarmerie:
Gendarmeriepostenkommando Sillian,
Gendarmeriepostenkommando Kartitsch,
Gendarmeriepostenkommando Obertilliach.

In den Sommermonaten 1916 wurde verstärkt Patrouillendienst befohlen, wohl mit der Absicht, die Truppen beweglich zu halten und um zu verhindern, daß die Soldaten sich an den Stellungskrieg zu sehr gewöhnten. Zuvor kam es aber noch zu einer Aktion, die mit Geschehnissen zusammenhing, die an anderen Schauplätzen der Dolomitenfront in Szene gegangen waren.

Winter 1915. Russen haben soeben Nachschub nach Hochgränten gebracht

Das Unternehmen gegen die italienische Seikofelstellung am 23. Mai 1916

Am 18. April 1916 sprengten die Italiener den von österreichischen Truppen besetzten Gipfel des Col di Lana. Damit wurde eine neue Phase des Gebirgskrieges eingeleitet: der Minenkampf. Eine unmittelbare Folge dieses spektakulären Ereignisses war die außerordentliche Sensibilisierung der österreichischen Verteidiger an der gesamten Dolomitenfront. Insbesondere da, wo die Frontlinien nahe beieinanderlagen, bestand die Möglichkeit, daß der Gegner diese neue Taktik anwenden würde.

So kam auch in der österreichischen Seikofelstellung die Angst vor einem feindlichen Minenangriff auf. Landstürmer des LstInfB 29, die in der mittlerweile gut ausgebauten Seikofelstellung Dienst taten, wollten mehrmals Bohrgeräusche und Sprengschüsse aus der knapp 120 Meter vor ihnen liegenden italienischen Seikofel-Spitzstellung gehört haben. Um Gewißheit zu erlangen und möglicherweise die Minentätigkeit der Italiener zu stören, wurde eine gewaltsame Erkundung der gegnerischen „Spitzstellung" befohlen.

Für den Angriff wurde ein Detachement in Stärke einer Kompanie gebildet. Alle im Grenzunterabschnitt 10b eingesetzten Truppenkörper beteiligten sich mit Freiwilligen an der Aktion, die in der Nacht vom 22. auf 23. Mai 1916 stattfand.

Der Gefechtsplan sah vor, daß die gesamte italienische Kreuzbergstellung durch Demonstrationsangriffe zur Alarmierung gezwungen werden sollte. In der allgemeinen Verwirrung hatten dann mit Tränengasbomben und Handgranaten bewaffnete Patrouillen den Auftrag, überraschend in die italienische Seikofelstellung einzubrechen und den in zwei Gruppen eingeteilten Angriffskräften das Eindringen in das Grabensystem zu ermöglichen. Der Leiter des Unternehmens, Major Hermann, schrieb in seinem Gefechtsbericht:

„Der Gegner war schon seit Einbruch der Dämmerung, wie gewöhnlich, sehr wachsam, ließ zeitweise Leuchtraketen steigen, hie und da fiel ein einzelner Schuß. Von 1.30 Uhr vorm. an verließen die beiden Gruppen partienweise die eigenen Hindernisse, schlichen sich vor und stellte sich jede Gruppe zum direkten Vorgehen in der früher schon erwähnten Gruppenbildung bereit.

Um 2 Uhr vorm. ließ ich von meinem Standpunkte aus in der eigenen Seikofelspitzstellung drei Leuchtraketen als Signal zum allgemeinen Vorrücken abfeuern.

Auf dieses Zeichen flammte sofort auf der ganzen Linie das Feuer auf, die eigene Artillerie eröffnete das Feuer gegen Katzegrand.

Vor der Errichtung der Seilbahnen mußte jedes einzelne Stück Holz in die Höhenstellungen getragen werden.

Gruppe Hauptmann Jaschke

Auf die allgemeine Feuereröffnung rückten vorerst die Gaspatrouillen vor. Infolge der Breite und Höhe des Hindernisses gelang es diesen Patrouillen nicht, die Bomben in die feindliche Stellung zu werfen. Ein momentan gegen die eigene Front einsetzender Luftzug trieb die Gaswellen gegen die eigenen Abteilungen. Die eigenen Patrouillen, die auch mit Äther getränkte Wattepfropfen hatten, mußten eine Zeit zurückgehen. Nach kurzer Zeit wurde erneut vorgegangen, Handgranaten gegen die fdl. Stellung geworfen und mit dem Zerschneiden der Hindernisse begonnen. Jetzt eröffnete der Gegner mit Handgranaten, Infanteriefeuer und zwei MG ein heftiges Feuer. In diesem Kampfe gelang es einer Patrouille unter Kmdo. des Korporal Moser der eig. 3/29 Komp. I, durch die fdl. Hindernisse durchzukommen, der Standschütze Holzer sprang zuerst auf, dann in die feindliche Deckung und warf hintereinander fünf Handgranaten auf die fdl. Plänkler.

Ebenso gelang es einer anderen Patrouille unter Kmdo des Zgf. Primas der 3/29 Komp. II durch die Drahtverhaue bis an die Deckungen heranzukommen. Durch eine vom Zgf. Primas geschleuderte Handgranate wurde ein fdl. MG zum Schweigen gebracht, doch gleich darauf dieser Zugsführer durch eine fdl. Handgranate schwer verwundet. Auch der bei dieser Patrouille befindliche Standschütze Dr. Franz Egert wurde schwer verwundet.

Da sonst die fdl. Stellung sehr stark besetzt war, das zweite MG heftig feuerte, das fdl. Handgranatenfeuer immer stärker wurde, kam Hptm. Jaschke zur Erkenntnis, daß mit der verfügbaren Kraft ein Nehmen der Stellung aussichtslos wäre und gab den Befehl zum Rückzug.

Gruppe Oblt. Latschker

In der angeordneten Gruppierung gelangten die Abteilungen bis an die fdl. Drahtverhaue, und die Gaspatrouillen warfen die Gasbomben in die Stellung. Kurz darauf wurden auch die Handgranaten in die fdl. Stellung geworfen. Beim Gegner rührte sich nichts. Hierauf wurde mit dem Zerschneiden der fdl. Drahthindernisse begonnen. Erst jetzt eröffnete der Gegner ein überwältigendes Infanterie- und MG-Feuer aus zwei Gewehren. Der Kampf wurde eine Zeit geführt, doch nachdem der Gegner auch mit Minenwerfer zu feuern anfing, wurde, da außerdem auch das Zeichen von der rechten Gruppe gehört wurde, der Befehl zum Zurückgehen erteilt. Auch bei dieser Gruppe wurde durch einen Handgranatentreffer ein fdl. MG zum Schweigen gebracht.“

Erholung von den Strapazen im Innern der Unterkunftshütte

Auf österreichischer Seite waren ein Toter, zwei Vermißte und 12 Verwundete zu beklagen. Das Unternehmen hatte außer einigen wenigen Informationen über die Stellungen der Italiener nichts eingebracht.

Patrouillenunternehmen 1917

Die Patrouillenunternehmen, die 1917 im Bereich der hier beschriebenen Kampfabschnitte stattfanden, hatten verschiedene taktische Hintergründe.

Zum einen galt es, die eigenen Truppen im beweglichen Kampf einsatzfähig zu erhalten und dem Gegner die eigene ungebrochene Aktivität zu demonstrieren, andererseits die personelle und taktische Gliederung des Feindes im Auge zu behalten.

Stellvertretend für die recht zahlreichen Aktionen soll das Patrouillenunternehmen gegen Katzegrand am 7. Juli 1917 stehen. Was Planung, Vorbereitung und Durchführung betrifft, kann diese Operation als typisch gelten.

Es handelte sich um ein Unternehmen unter dem direkten Befehl des Brigadekommandos, der Kern der angreifenden Truppe bestand aus der Brigadesturmabteilung der 21. Gebirgsbrigade unter Oberleutnant Weilheim, einem Offizier, der große Routine in der Ausführung solcher Handstreichaktionen besaß. Lassen wir hier diesen Mann mit seinem Bericht (Op. Nr. 555/1917) an die Brigade zu Wort kommen:

„K. u. k. Sturmabteilung der 21. GebBrig. - Oblt. WEILHEIM
Unternehmung gegen KATZEGRAND.

Zweck des Unternehmens:

Einbringen von Gefangenen oder anderem Beweismaterial, welches auf die gegenwärtige Gruppierung des Feindes schließen läßt.

Als günstiger Punkt für eine Unternehmung wurde das sogenannte Ziel 5, d. i. Kote 1776 (Katzegrand), erkannt. Die Rekognoszierung erfolgte in der Front im Beisein des Herrn Oberst Brigadiers vom Schellaboden aus, in den Flanken vom Burgstall und Seikofel im Beisein des Brigade-Stabsoffiziers. Sie ergaben folgende Momente:

1. Leichte Annäherungsmöglichkeit bei guter Orientierung (nahezu bis zum Drahthindernis bewaldet).

2. Zweireihige span. Reiter mit beobachteten Durchgängen zum Doppelposten hinter der ersten Hindernisreihe.

3. Offener Graben (alle Nachbarstellungen eingedeckt).

4. Flankierungsmöglichkeit von der vertieft liegenden linken feindlichen Nachbarstellung nur teilweise, von rechts stark.

5. Rückzugsmöglichkeit günstig.

Diese vorerst durch Sicht und Beobachtung konstatierten Verhältnisse wurden bei einer am 4./VII. unter meiner Führung stattgefundenen Rekognoszierungspatrouille, mit welcher ich ungesehen und unbemerkt bis an die vorderste fdl. Hindernisreihe und zurück kam, als zutreffend erkannt.

Darauf gründete sich folgender Plan für die Durchführung: Unbemerkte Annäherung bis an die fdl. Hindernisse, Überwältigung des fdl. Doppelpostens und sofortiges überraschendes Eindringen in den fdl. Graben, dessen Aufrollen nach rechts bis zum großen Felsen und nach rückwärts bis zum maskierten Weg, dabei Niedermachung der angetroffenen Besatzung und Einbringen mindestens eines Gefangenen. Sodann unverzüglicher Rückzug ins Weissbachtal. Zur Sicherung gegen eine eventuell den Rückzug abschneidende fdl. Abteilung, Sperrung des Weissbachtales und der Kreuzbergstraße durch eine stehende Sicherung; bei derselben auch eine Sanitätspatrouille. Daselbst Sammeln und Einrücken.

Art. Wirkung auf die von rechts und links flankierenden Nachbarstellungen vom Momente der voraussichtlichen fdl. Alarmierung bis zum Verlassen der fdl. Stellung. Signal für Beginn des Art. Feuers die erste Handgranatensalve, für Beendigung drei grüne Leuchtraketen nach Verlassen der Stellung.

Vorbereitungen für die Durchführung:

1. Orientierung der eingeteilten Offiziere, Unteroffiziere und Mannschaft im Terrain und an Hand einer Detailskizze.

2. Orientierung der Art. Abschn. Kmdten und der in Betracht kommenden Art. Offiziere im Terrain. Genaue Festlegung des Angriffsplanes im Einvernehmen mit denselben.

3. Unauffälliges Einschießen der Artillerie (zwei 15 cm Mörser von Seikofel und eine 8 cm Feldkanne von Rotwandwiese gegen Ziel 6, zwei 15 cm Haubitzen und eine 8 cm Feldkanone von Rotwandwiese gegen Ziel 4) im Laufe des 7. 7.

4. Auswahl der Sturmmannschaft: 1 Sturmpatrulle: 1 Offizier (Lt. Smisek) und 10 Mann der Brigade-Sturmabteilung; 1 Sturmpatrulle: 1 Offizier (Lt. Steiner) und 10 Mann des Sturmzuges VI/TKJ. 2, eine Sicherungspatrulle in der Stärke von 20 Mann. Kommandant des Ganzen Oblt. WEILHEIM.

DURCHFÜHRUNG

Abmarsch der Abteilung erfolgte planmäßig am 7. 7. um 10 Uhr nachm. von Stellung Kreuzbergstraße aus. Wetter günstig, bewölkt, leichter Nebel, Sicht nur auf ganz kurze Distanzen. Gesicherter Marsch bis ins Weissbachtal. Dort kurze Rast, sodann Aufstieg und Anschleichen der beiden Sturmpatrullen. Rest der Abteilung bezog die erwähnte Sicherung.

Die beiden Sturmpatrullen sammelten sich ungesehen in nächster Nähe des fdl. Doppelpostens noch im Schutze des Waldes. Beim weiteren Vordringen über offenes Terrain (Wiese) zur Überwältigung oder eventuellen Gefangennahme wurde der mit drei Mann vorkriechende Lt. Steiner vom Doppelposten bemerkt und angerufen. Da Lt. Steiner vom Doppelposten noch zu weit entfernt war, um mit Sicherheit denselben durch Handgranaten zu überwältigen, suchte er den Feind durch den Zuruf „Patrulla" zu täuschen, um Zeit für das Näherkommen zu gewinnen. Nach abermaligem Anruf warf der fdl. Doppelposten eine Handgranate und gab einen Schuß ab (beides ohne zu treffen), worauf er sich schleunigst in den Graben flüchtete. Eine sofort abgegebene eigene Handgranatensalve ermöglichte es, unmittelbar hinter dem flüchtenden Feind die Hindernisse durch die bestehenden Postendurchgänge zu passieren und in den Graben einzudringen. Die durch den Gefechtslärm alarmierte Grabenbesatzung gab nur einige Schüsse ab und flüchtete bei Zurücklassung einiger Stahlhelme. Die eingedrungenen und wie geplant nach rechts und nach rückwärts aufrollenden Sturmpatrullen trafen auf keinen Gegner mehr, erhielten jedoch starkes Inft. und Maschinengewehrfeuer aus der rechten Flanke, was das weitere Vordringen erschwerte und verlangsamte. Kurze Zeit darauf setzte ein fdl. Gegenstoß frontal und aus der rechten Flanke ein. In dem nun entstandenen Grabenkampf wurde der an der Spitze der rechten Patrulle befindliche Lt. Steiner durch eine fdl. Handgranate schwer verwundet. Als er trotz seiner schweren Verletzungen weiter vordrang, stürzte er bewußtlos zusammen. Da die fdl. Übermacht zu groß war und außerdem die Gefahr einer Gefangennahme der Sturmpatr. sehr nahe lag, gaben dieselben das weitere Vordringen auf und zogen sich unter Mitnahme des schwerverwundeten Lt. Steiner, bei Zurücklassung des im fdl. Graben durch Kopfschuß getöteten Jägers Stenger zurück.

Der Feind hatte sicher größere Verluste im Grabenkampfe erlitten, lautes Stöhnen und Jammern war deutlich vernehmbar.

Das eigene Artilleriefeuer setzte wie vereinbart pünktlich beim Werfen der ersten Handgranate ein, überdeckte die Ziele 6 und 4 gut und erreichte vollkommen den angestrebten Zweck.

Der Rückzug ging glatt vonstatten, der Gegner folgte nicht und auch sein Verfolgungsfeuer hatte keinerlei Erfolg. Die fdl. Artillerie eröffnete ihr Feuer erst ca. eine Stunde nach dem Eindringen der Sturmpatr. in den fdl. Graben und gab auch dann kein Sperrfeuer ab, sondern beschoß die eig. Stellungen auf Schellaboden.

Um 4 Uhr vorm. erreichte die Sturmabteilung die eig. Stellung Kreuzbergstraße.

Die Unternehmung ist trotz des negativen Ergebnisses bis ins Detail planmäßig durchgeführt worden. Alle Beteiligten haben sich sehr tapfer gehalten, besonderes Lob gilt dem Oberjäger Grüll und Unterjäger Preims, welche trotz heftigen Feuers den schwerverwundeten Lt. Steiner zurücktrugen.

Feldpost 526, am 8. Juli 1917"

Offensichtlich war der Brigadekommandant, Oberstbrigadier v. Maendl, mit dem Ausgang des Unternehmens zufrieden, wie seine Bemerkung zu dem Bericht zeigt:

„Das Unternehmen war bis ins Detail vorbereitet, die Durchführung fand genau nach dem festgelegten Plan statt. Zusammenarbeiten der Inft. und Art. mustergültig.

Die Voraussetzung für den angestrebten Erfolg war durch das geglückte Eindringen in den fdl. Graben gegeben. Daß das eigentliche Ziel, „Gefangene zu machen", nicht erreicht wurde, ist dem nicht vorauszusehenden Verhalten des Feindes zuzuschreiben.

Die eig. Verluste sind in Anbetracht der sehr gefährlichen Situation, in welcher sich die Sturmpatrullen befanden, als gering zu bezeichnen und bleiben jedenfalls hinter denen des Feindes weit zurück.

Haltung der eingeteilten Offz und Sturmmannschaften verdient vollstes Lob."

Mitte September 1917 verstärken sich Gerüchte, die von einer bevorstehenden großen Offensive sprechen. Auch das ersatzlose Herauslösen von Truppenkörpern aus der Dolomitenfront und die fast endlosen Kolonnen und Eisenbahntransporte, die das Pustertal in Richtung Kärnten verlassen, nähren diese Gerüchte. Dann kommen die ersten guten Nachrichten vom Durchbruch der eigenen und deutschen Truppen bei Flitsch und Tolmein, die Italiener müssen zurückweichen. Jetzt bekommen die Patrouillenunternehmungen eine neue Qualität, sie sollen nun verhindern, daß der Gegner Truppen abziehen und an den Einbruchsstellen verwenden kann. Fast jeder Kampfabschnitt erhält nun Befehl, den Gegner mit Patrouillenaktionen zu beunruhigen,

Österr. Stellungen am Kreuzbergpaß nach dem ital. Rückzug

Ital. Hindernisse (zweite Linie) am Kreuzbergsattel. In der Bildmitte die Brandruinen des Gasthofes

es wird wieder lebendig an der Gebirgsfront. Nacht für Nacht sieht man an den verschiedensten Stellen der Front Leuchtkugeln aufsteigen und hört Schüsse krachen.

Ende Oktober werden dann in den Stäben die ersten „Verfolgungsdetachements" aufgestellt, Formationen, die sich bei Abzug des Gegners an seine Fersen heften sollten.

Am frühen Morgen des 5. Novembers 1917 verlassen die italienischen Truppen die Stellungen am Kreuzbergpaß, weichen in Richtung Padola aus und überlassen die verwaisten Gräben Hauptmann Fuchs mit seinen Innsbrucker Standschützen.

Vormarsch

Da der italienische Rückzug schon längere Zeit absehbar gewesen war, hatten die höheren österreichischen Kommanden für diesen Fall bereits Vorsorge getroffen. Ende Oktober 1917 wurden in den Stäben die ersten „Verfolgungsdetachements" aufgestellt, Formationen die sich bei Abzug des Gegners an seine Fersen heften sollten.

Als die Italiener auswichen, blieben diese Formationen hautnah am Feind und drangen über den Kreuzbergsattel, Padola, S. Stefano und Vigo auf Lorenzago vor.

Nach Räumung der eigenen Stellungen, die einige Tage in Anspruch nahm, rückten auch die Standschützenbataillone Innsbruck I und II in die vom Feind verlassenen Städte und Dörfer nach und betätigten sich dort als Besatzungsmacht:

„Wir waren nun Bataillonskommando, Stationskommando, politische Behörde, Gericht, Postamt usw. Die Bevölkerung war aber mit uns recht zufrieden. Als das Bataillon abmarschierte, erschien eine Dankdeputation von allen Gemeinden und überreichte dem Bataillonskommando eine von allen Bürgermeistern unterfertigte Dankesadresse." (v. Mörl...)

Interessant auch die „Botschaft" eines italienischen Edelmannes, die der Bataillonskommandant von An der Lan an der Wand eines Heustadels am Monte Col südöstlich von S. Stefano fand:

„An Dich, der Du da kommst!

Mit brennenden Schmerzen verlasse ich Dich, Monte Col und all unsere schönen Berge. Ich liebe mein Vaterland sehr und weine ob so großer Zerstörung. Sei barmherzig mit den Gefangenen, hasse Italien nicht; auch Italien haßt Dich nicht; es wurde in das Verderben gerissen, und ich wünsche mir Österreich und Deutschland als unseren Verbündeten gegen die ganze Welt.

Es grüßt Dich

Graf Demetrio Coggi, 11. Bersaglieri"

Der Wiederaufbau Sextens

Wer gemeint hatte, der Wiederaufbau des zerschossenen Sextens käme erst nach dem Kriege in Gang, sah sich bereits 1915 getäuscht.

Gleich nach den ersten Bränden versuchten Sextener Bürger ihre Feuerversicherungsansprüche geltend zu machen, was natürlich abgelehnt wurde. Wie viele andere war auch der Schulleiter der Meinung, daß dieser Krieg nicht lange dauern würde, und kümmerte sich schon im September 1915 um die Besorgung neuer Schulbänke in Innsbruck. Das löste auch einen Spendenaufruf des Landeshauptmanns in der Presse in ganz Österreich aus.

Die Sextener, die in den Dörfern des oberen Pustertals untergekommen waren, versuchten trotz Verbots immer wieder, in ihre Häuser zurückzukehren und ihre Felder zu bestellen. Denn neben den Zerstö-

Der Rückzug der Österreicher am 2. November 1918. Sexten Unterdorf

rungen, die die italienischen Geschosse verursachten, fügten auch die eigenen Truppen den Einheimischen großen Schaden zu. Alles, was in den Höhenstellungen brauchbar war, wurde aus den verlassenen Häusern entfernt, selbst Fensterstöcke, Holzvertäfelungen und Herde.

Die evakuierten Gemeindevorsteher blieben auch im Exil nicht untätig. Ihre Bemühungen bei der Landesregierung führten schließlich im September 1917 zur Einrichtung einer „Landschaftlichen Kriegshilfestelle", die nach dem Abzug der Italiener im November 1917 unverzüglich mit der finanziellen und auch technischen Unterstützung der Heimkehrer beginnen konnte. Doch so rasch ging es nicht, denn ein Überwintern war in den zerstörten oder beschädigten Höfen nicht möglich; erst im Frühjahr 1918 konnten die Flüchtlinge in ihre Heimat zurückkehren:

„Den Sextenern bot sich ein Bild des Grauens. Die beiden Kirchen und 39 Wohn- und Futterhäuser waren bis auf die Grundmauern niedergebrannt und sechs Bauernhäuser am Mitterberg nahe der Festung Haideck und ein Sägewerk abgetragen worden. Zahlreiche Hausmühlen und fast alle Heuschupfen auf den Bergwiesen und der Alm waren abgerissen oder niedergebrannt. Die herrlichen Lärchen-

wiesen im Fischleintal waren abgeholzt, und große Teile der Wälder kahlgeschlagen. Völlig entwertet waren die Waldgebiete im engeren Kampfgebiet durch den Bau von Unterständen, und viele stehende Bäume waren durch Infanteriegeschosse und Granatsplitter derart beschädigt, daß sie nur mehr Brennholzwert hatten. Felder, Wiesen und Almen waren von Schützengräben durchzogen und teilweise durch Granattrichter verwüstet." (Rudolf Holzer, „Als Sexten in Flammen stand")

Trotz des deprimierenden Zustands ihres Dorfes gingen die Rückkehrer tatkräftig an den Wiederaufbau, und auch von außen setzte nun verstärkt Hilfe ein.

Im Mai 1918 konnte man die ersten beschädigten Häuser wieder bewohnbar machen, auch Neubauten wurden schon in Angriff genommen. Im Herbst, als die Bauarbeiten wegen des einsetzenden Winterwetters eingestellt werden mußten, waren 23 Häuser repariert und sechs Neubauten angefangen.

Doch noch einmal zeigte der Krieg sein Gesicht. Nachdem Anfang November 1918 der Erste Weltkrieg sein Ende gefunden hatte, zogen zurückkehrende Militärhorden plündernd durch das Sextental und machten vieles wieder zunichte, was fleißige Hände in harter Arbeit wieder aufgebaut hatten.

Der Einmarsch der Italiener in Sexten am 7. November 1918

Und auch das war nicht der letzte Schlag, der die geprüfte Ortschaft treffen sollte. Die italienischen Truppen waren zwar nach Kriegsende im Tal einmarschiert, hatten sich dann jedoch auf den Kreuzbergpaß zurückgezogen, wo ein Grenzübergang eingerichtet wurde. Der Grund hierfür war eine Bestimmung des Waffenstillstandsabkommens, wonach sich die Grenze an den Wasserscheiden orientieren sollte, also am Kreuzbergpaß und im Pustertal am Toblacher Sattel.

Ende 1919 wurde dann bekannt, daß die Ortschaften Sexten, Innichen, Innichberg, Vierschach und Winnebach aufgrund des Friedensvertrags von Versailles zum italienischen Territorium geschlagen würden. Bald darauf stellten die österreichischen Behörden die Hilfe ein und verließen die Gemeinden.

Sexten war italienisch.

Die strittige Frage der Angliederung Sextens an Italien

Die Waffenstillstandsvereinbarungen vom 3. November 1918 zwischen Italien und Österreich sahen vor, daß sich die italienische Besatzung bis an die Wasserscheide erstrecken sollte. Demzufolge zogen ab 4. November 1918 die italienischen Truppen in die ehemals österreichischen Gebiete ein. Die Frage, ob die Festlegung des genauen Zeitpunkts des Waffenstillstands von den beiden Staaten mißverstanden wurde, oder ob es sich um eine gewollte Hintergehung der Österreicher von seiten Italiens handelte, erscheint heute in einem etwas anderen Licht. Anzeichen sprechen dafür, daß gewisse innenpolitische Kräfte in Österreich den Waffenstillstand für die eigenen Truppen bewußt um 24 Stunden früher angesetzt haben, um so ein Zurückfluten der Streitkräfte zu verhindern. In der gegebenen Lage hätten die Massen der noch immer kaisertreuen Soldaten gewisse politische Pläne gefährdet und womöglich zu einer erneuten Erstarkung der Monarchie geführt...

Durch die kampflose Gefangennahme gesamter Regimenter wurden diese Probleme auf einen späteren Zeitpunkt verschoben. Die aus der Gefangenschaft heimkehrenden Frontkämpfer fanden sich vor vollendete Tatsachen gestellt. Hierzu paßt auch ganz gut, daß der italienische Einmarsch in Innsbruck am 23. November 1918 im Einverständnis mit dem österreichischen Oberkommando erfolgte, um die aufgebrachte Bevölkerung unter Kontrolle zu halten und die öffentliche Sicherheit zu gewährleisten.

Das Tauziehen um die Zugehörigkeit Sextens ist bezeichnend für die Wirren jener Zeit. Warum Sexten schließlich doch an Italien fiel,

Nach dem Rückzug der Italiener wurde mit dem Wiederaufbau begonnen. Die Ortschaft Moos mit den ersten neuerbauten Häusern

obwohl es ja jenseits der Wasserscheide liegt, ist bis heute noch nicht vollständig geklärt. Viel wurde darüber gemunkelt und die wildesten Gerüchte machten die Runde.

In Berichten von Zeitgenossen ist von einer Petition der Bürgermeister der fünf Gemeinden die Rede, in der sie die geistige und kulturelle Zugehörigkeit zu Südtirol beschworen, und mit welcher der Wunsch nach Verwaltungseinheit zum Ausdruck gebracht wurde.

Einem weiteren Gerücht zufolge soll das Gebiet um den Preis einiger mit Lebensmitteln beladener Eisenbahnzüge an Italien „verkauft" worden sein.

Wesentlich logischer erscheint hier, daß die Italiener aus militärischen Erwägungen eine Vorverlegung der Grenzlinie auf den Helmkamm anstrebten. Erstmals kam diese Forderung, die auch in italienischen Kreisen umstritten war, am 19. April 1919 bei der Friedenskonferenz von Versailles auf den Tisch.

Tolomei, der „Begründer der Wasserscheiden-Theorie" und „Totengräber Südtirols", war nachweislich gegen „diese Usurpation", die über die „natürlichen Grenzen" hinausginge. Doch dem Gewicht

Der Hauptort St. Veit zeigt sich in neuem Schmuck vor dem großen Weihefeste im Oktober 1923

der Militärs hatte selbst er nichts entgegenzusetzen, denn schon am 29. Mai 1919 stimmte Präsident Wilson endgültig auch dieser italienischen Forderung zu. Im Friedensvertrag von St. Germain wurde ganz Südtirol einschließlich Sexten und der anderen betroffenen Gemeinden an Italien verschachert.

Unbestritten ist, daß die Sextener durch die Angliederung an eine der Siegesmächte einen erheblichen wirtschaftlichen Vorteil erzielten. Zum einen konnten sie ihre fast wertlosen österreichischen Kronen zu einem günstigen Wechselkurs in italienische Lire tauschen, zum anderen zeigten sich die Italiener auch beim Wiederaufbau großzügig. Die begonnenen Arbeiten wurden fortgeführt und unterstützt, die erlittenen Kriegsschäden fast zur Gänze vergolten.

Durch eine schlaue Ausnützung der bürokratischen Wirren und mehrfache Einreichung von Schadensmeldungen, zuerst unter Österreich, dann unter Italien, gelang es so manchem, sein Schäfchen ins trockene zu bringen. Die Betroffenen empfanden dies auch durchaus als gerecht, da ja nicht nur ein materieller Schaden entstanden war. Sie hatten ja schließlich auch Not, Vertreibung und Entbehrungen erleiden müssen.

ÜBERSICHTSKARTE

SEXTEN / WESTLICHE KARNISCHE ALPEN

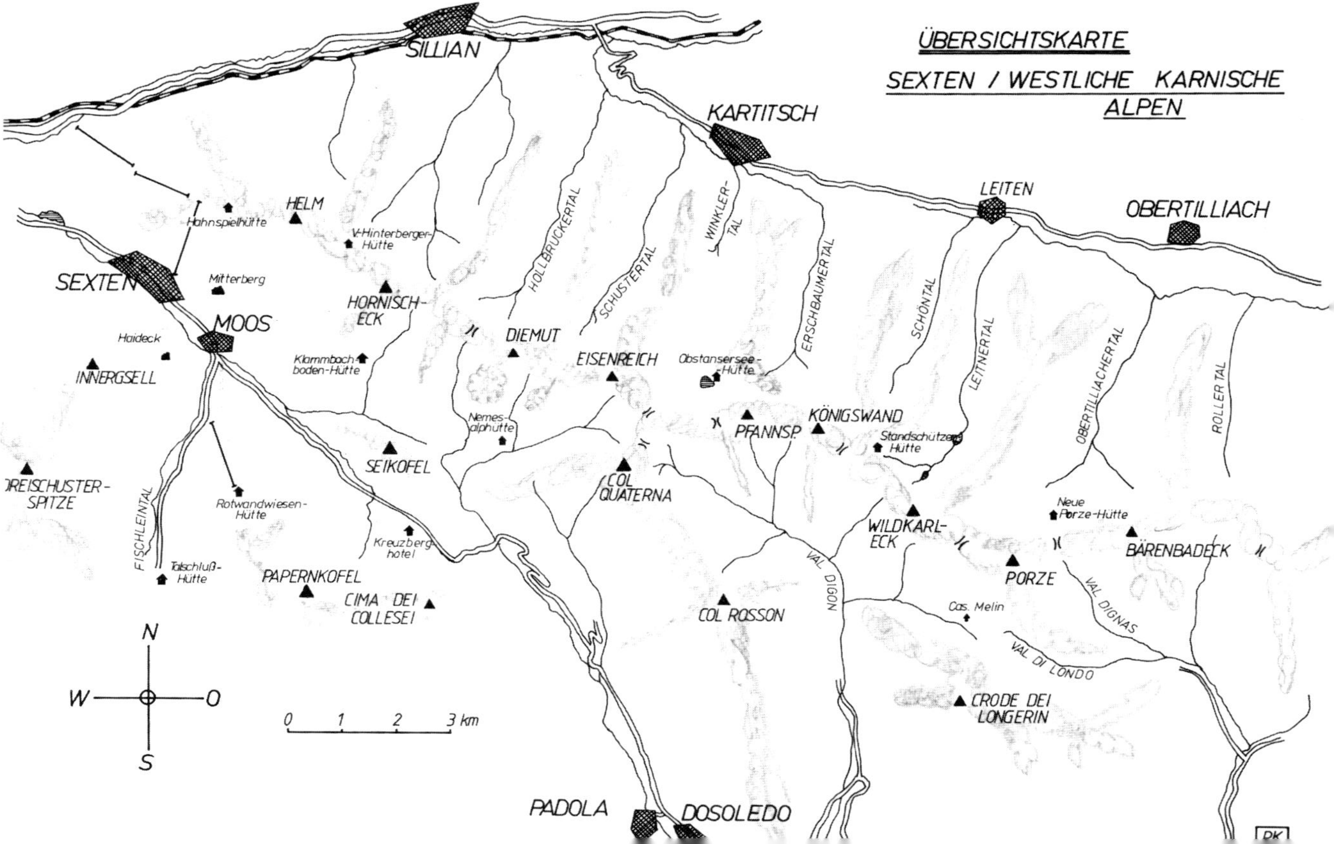

TOUREN

Der Karnische Kamm und der Kreuzbergsattel heute

Der westliche Karnische Kamm und das Kreuzberggebiet sind heute touristisch vollkommen erschlossen. Die Fremdenverkehrsorganisationen in Sexten, Sillian, Kartitsch und Obertilliach sind äußerst rührig in ihrem Bestreben, den Gästen optimale Bedingungen für ihren Urlaub zu schaffen.

Dies äußert sich nicht nur in den Einrichtungen, die in den Orten selbst geschaffen wurden, sondern auch in der Anlage, Markierung und Erhaltung von Wanderwegen und Steigen. Gerade zu dieser an sich positiven Tatsache muß bemerkt werden, daß die verschiedenen Fremdenverkehrsorganisationen es bis heute nicht verstanden haben, ihre Aktivitäten bezüglich der Wege zu koordinieren.

So gibt es vor allem in der Kammzone zwischen Helm und Pfannspitze eine nahezu unübersehbare Fülle von Wegen und Wegmarkierungen, deren Ursprung im sehr ausgedehnten Wegenetz aus dem Ersten Weltkrieg zu suchen ist. Jede Feldwache, jede Geschützstellung hatte ihre Zugänge und Verbindungen; die meisten dieser überwiegend auf der Nordseite auffindbaren Wege sind heute noch im Gelände erkenn- und benutzbar. Hinzu kamen die von italienischen Truppen nach dem Krieg und während der Südtirolkrise erbauten Wege auf der Südseite des Kammes. Viele, zu viele dieser Steige sind heute bezeichnet und numeriert, aber meist nur in den Spezialkarten des jeweiligen Fremdenverkehrsverbandes registriert.

Während ihrer Recherchen zu diesem Buch konnten die Autoren deshalb immer wieder eine nachhaltige Verunsicherung der Touristen in diesem Gebiet feststellen.

Zu den Wegnummern vielleicht ein paar Worte: mit einstelligen Nummern sind Wege der Ortschaften (Fremdenverkehrsverbände) bezeichnet, mit zweistelligen Nummern Wege der Region, mit dreistelligen Nummern Fernwanderwege und Wege des Alpenvereins. Gerade hier jedoch bestätigen Ausnahmen die Regel: Nicht nur Organisationen aus Österreich und Südtirol, sondern auch aus Italien spielen beim Wegenummernroulette mit, und damit gerät das System vollends aus den Fugen.

In absehbarer Zeit wird sich daran wohl nichts ändern, und dem Wanderer kann deshalb nur ein Rat gegeben werden, nämlich aufmerksam Karte und Gelände zu vergleichen und in unsicheren Fällen zum letzten sicher orientierten Punkt zurückzukehren.

Der wohl sicherste Weg im Bereich der westlichen Karnischen Alpen ist der in den Jahren nach 1974 wiederhergestellte Karnische Höhenweg 403. Der Verein der Dolomitenfreunde schuf hier in Zusammenarbeit mit der Sektion „Austria" des Österreichischen Alpenvereins einen „Friedensweg", dem nach dem Willen seiner Erbauer eine völkerverbindende Aufgabe zukommt.

Dieser Weg benützt ausschließlich österreichisches Staatsgebiet und führt teilweise sehr tief in die nordseitigen Täler hinunter, um anschließend genauso steil wieder hinaufzustoßen. Diese Höhenverluste lassen sich jedoch mit Alternativwegen leicht vermeiden. Bei unsichtigem Wetter sollte man sich an den mit dreistelligen Nummern versehenen Wegen orientieren!

Für das Gebiet stehen folgende Karten zur Verfügung:

Topographische Wanderkarte „Sextener Dolomiten", 1:25 000
Verlag Tabacco, Udine,

Topographische Wanderkarte „Sappada", 1:25 000
Verlag Tabacco, Udine,

Wanderkarte „Sextener Dolomiten", 1:25 000
Verkehrsamt Sexten,

Österreichische Karte 1:50 000, Blatt 195, „Sillian"
Bundesamt für Eich- und Vermessungswesen, Wien
(ohne Wegenummern!).

Mayr Wanderkarte „Pustertal", 1:35 000
Verlag W. Mayr, Innsbruck

Wanderkarte „Tiroler Gailtal", 1:33 000
Fremdenverkehrsverband Kartitsch/Obertilliach/Untertilliach

Kompaß-Wanderkarte Nr. 58 „Sextener Dolomiten", 1:50 000
Verlag Fleischmann, Starnberg

freytag & berndt Wanderkarte WKS 10 „Sextener Dolomiten", 1:50 000
Verlag Freytag, Berndt und Artari, Wien

freytag & berndt Wanderkarte Nr. 182 „Lienzer Dolomiten/Lesachtal", 1:50 000
Verlag Freytag, Berndt und Artari, Wien

Es fällt außerordentlich schwer, bezüglich des Kartenmaterials eine Empfehlung auszusprechen. Jede der Karten hat mehr oder weniger Mängel, am ehesten können noch die Tabacco-Karten (1:25 000) empfohlen werden, sie decken jedoch nicht das ganze Gebiet ab. In Verbindung mit der „Wanderkarte Gailtal" des Fremdenverkehrsverbandes Kartitsch müßte allerdings für den Wanderer eine ausreichende Orientierung möglich sein. Empfehlenswert ist auch der Alpenvereinsführer „Karnischer Hauptkamm", Bergverlag Rudolf Rother, München.

Das Wandern und Bergsteigen in den Karnischen Alpen macht vor allem deshalb so viel Spaß, weil es hier wirklich noch Wege gibt, die kaum begangen sind. Wer sich mit Überlegung und Spürsinn von den stark frequentierten Steigen abwendet, der wird noch echte Einsamkeit genießen können. Wie alles Schöne auf der Welt hat aber auch das seine Nachteile: bei Unfällen sind Meldeort und Rettung möglicherweise weit entfernt, das Risiko erhöht sich. Deshalb sollte man sich doch ein paar Grundregeln in die Erinnerung zurückrufen. Das Wichtigste ist wohl, daß jemand weiß, wo man überhaupt hingeht und wann man wieder zurück sein will, und daß man sich in Hütten- und Gipfelbüchern sorgsam einträgt.

Außerdem auch, wenn man die Einsamkeit sucht, sollte man sie im Gebirge mit einem Kameraden teilen, der einem im Notfall helfen kann. Zweckmäßige und notwendige Ausrüstung wie Regenschutz, Kälteschutz, Verbandmaterial und was sonst noch alles dazugehört, ist heute für den verantwortungsbewußten Bergsteiger wohl selbstverständlich, auch, daß man im Grenzgebiet einen Ausweis bei sich hat.

Da wir uns hier in einem ehemaligen Kampfgebiet bewegen, sollten noch einige andere Dinge beachtet werden:

— Heute noch findet man Munitionsteile und Blindgänger, die man nicht berühren, sondern am nächsten Gendarmerieposten melden sollte!

— Befestigungsanlagen, Stollensysteme und Kavernen aus dem Ersten Weltkrieg sollte man nur äußerst vorsichtig mit leistungsstarken Taschenlampen (eine Reserve) und niemals allein begehen!

Im folgenden Teil sind alle heute noch sehenswerten Objekte beschrieben; dabei sind die ehemaligen österreichischen Stellungen mit Kreisen und Zahlen, die ehemaligen italienischen Stellungen mit Quadraten bezeichnet.

Alle Angaben und Tourenbeschreibungen wurden nach bestem Wissen und Gewissen erstellt, eine Gewähr für die Richtigkeit der Angaben kann jedoch nicht übernommen werden.

Ehemalige österreichische Stellungen

(1) Innergsell

Der Innergsell ist eine dem Schustermassiv nordöstlich vorgelagerte mit Wald und Almwiesen bedeckte 2065 m hohe Kuppe, die schon in frühen Zeiten alm- und forstwirtschaftliche Bedeutung hatte. Ihre militärische Bedeutung erhielt sie erst Ende des 19. Jahrhunderts, als an ihrem Ostfuß das Sperrfort Haideck erbaut wurde. Im Jahre 1890 empfahl Feldmarschalleutnant Vogl im „Memoire über die neue Befestigung Tirols" die „Aufstellung eines schwachen Infanterie-Postens auf der Innergsellwiese", am 13. 7. 1911 beantragte das k. k. Landesschützenregiment Innichen Nr. 3 bei der Gemeinde Sexten die Erlaubnis, einen ca. 50—60 cm breiten Fußsteig vom Werk Haideck zum Innergsell anlegen zu dürfen, und 1912 ging es dann schon um die Errichtung von Unterkünften für „Beobachtungsstände in festen Plätzen", also um Artilleriebeobachtungsposten. Mit Erlaß des Kriegsministeriums (Abt. 8, Nr. 612 res.) wurde 1913 die feldmäßige Befestigung des Innergsell eingeleitet. Im „Ausrüstungsgeneralentwurf der Sperre Sexten" ist über die Aufgabe der Kampfanlage Innergsell folgendes zu lesen:

Panzerkuppelgeschütz auf Innergsell. Im Hintergrund Sextner Rotwand, Elfer, Zwölfer, Einser

„Aufgabe:
1. Fernhalten und Bekämpfung der schweren Angriffsartillerie, Ergänzung der Artilleriewirkung der Werke Haideck und Mitterberg.
2. Mitwirkung beim Kampf um die Höhen östlich des Sextenbaches und um die beiden Werke.
3. Abwehr eines Rückenangriffes auf die Sperre aus dem Innerfeldtale.
4. Reduit der Sperre.

Die räumliche Ausdehnung und dominierende Lage der Kampfstellungen, ihre günstige Placierung, die guten Sicht- und Wirkungsverhältnisse sowie die Anlehnung des rechten Flügels an ein fast ungangbares Felsmassiv geben dieser Befestigungsgruppe eine große natürliche Stärke. Die Beobachtungsverhältnisse sind infolge der bekannten Nebelfreiheit dieser Höhe günstig. Hierdurch gewinnt die Anlage auf dem Innergsell zur Führung des Fernkampfes und Mitwirkung bei der Sperre der Kommunikation ausschlaggebende Bedeutung. Der Besitz des Innergsell ist für die Sperrung des Sexten- und Fischleintales entscheidend.“

Die Bewaffnung der Kampfanlage Innergsell zu Beginn des Krieges ist strittig, genaue Angaben lassen sich erst über die Zeit nach der Ablösung des Deutschen Alpenkorps (Oktober 15) machen, als Oblt. Timmel mit zwei 12-cm-Kanonen M 80 in der Gipfelstellung und Lt. Thomay mit drei 10-cm-Panzerhaubitzen M 5 in offenen Geschützstellungen auf der Gsellwiese kämpften. In den späteren Kriegsmonaten wurden hier zeitlich begrenzt auch noch andere Geschützmodelle eingesetzt.

Als Nachrichtenverbindungen gab es eine Telefonleitung zur Werkzentrale Haideck und zwei optische Verbindungen durch zwei Telegraphenapparate M 3 nach Sexten und zum Helm.

(2) Haideck

Die Hochgebirgskampfanlage Haideck wurde in den Jahren 1884—1889 errichtet und bildete zusammen mit dem Werk Mitterberg und den Flankenanlagen auf Innergsell und Hornischeck die „Sperre Sexten“. Diese hatte die Aufgabe, einen italienischen Einbruch über den Kreuzbergsattel und damit eine Zerschneidung der für die Monarchie damals lebenswichtigen Nachschublinie im Pustertal zu verhindern.

Schon die Anlagen, die als Voraussetzung für den Bau der beiden Sperrforts erstellt werden mußten, sind hochinteressant, denn sie vermitteln ein anschauliches Bild von den technischen Möglichkeiten, die damals für militärische Bauten zur Verfügung standen.

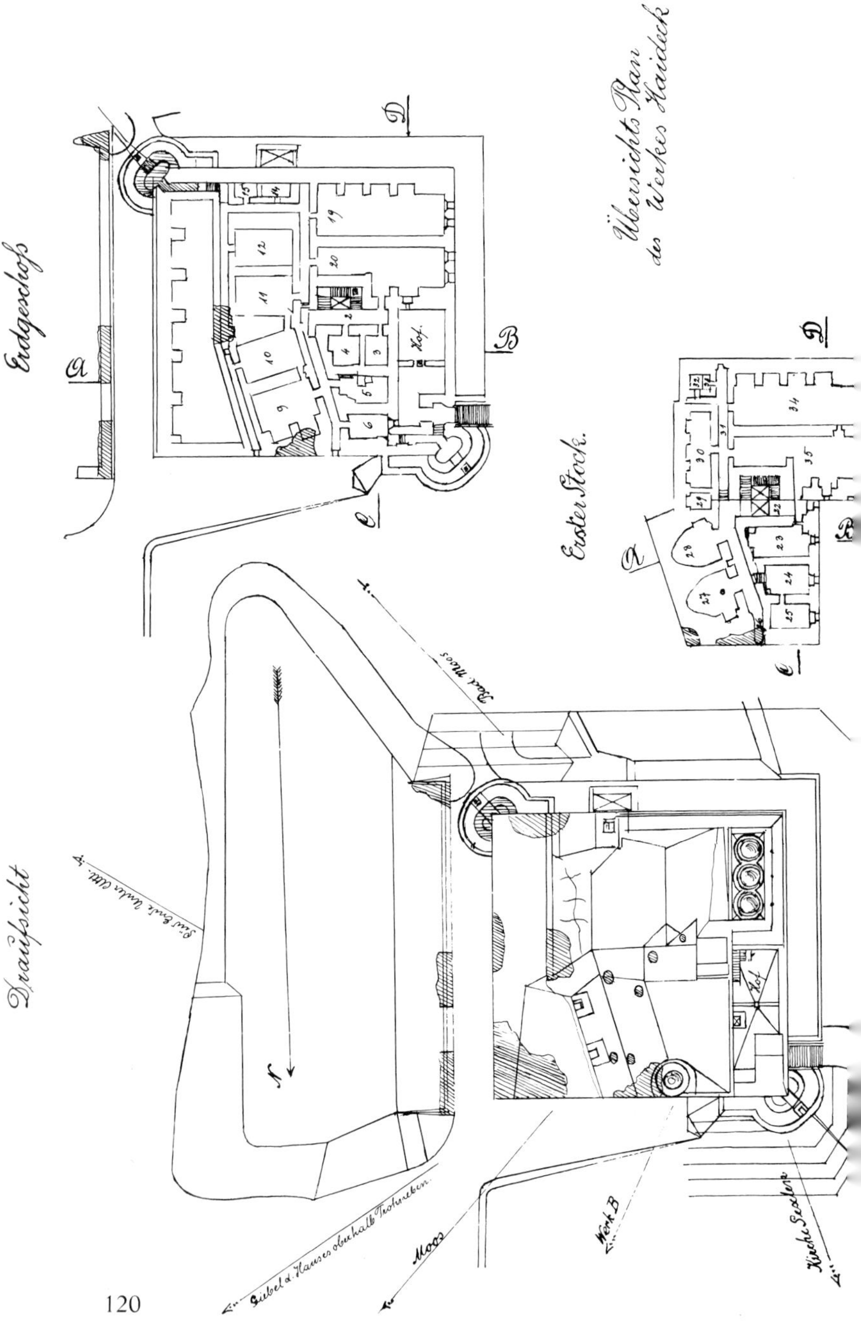
Erdgeschoß
Übersichts Plan des Werkes Haideck
Erster Stock.
Draufsicht
Hof
Moos
Werk B
Kirche Sexten
Giebel d. Hauses oberhalb Trotneben.

Das besondere Problem bei den beiden Baustellen war der Transport des schweren Baumaterials aus zwei verschiedenen Steinbrüchen in die weit voneinander liegenden Höhenlagen. Immerhin waren bei beiden Bauvorhaben insgesamt 14.150 Kubikmeter Mauerwerk zu erstellen!

Lassen wir hierzu den Bericht des verantwortlichen Bauleiters, Major Adalbert Pap, zu Wort kommen:

„Nach gründlicher Erwägung und eingehendem Studium aller vorliegenden Verhältnisse wurde von dem Genie-Chef für nachfolgende Anlagen entschieden:

1. Eine Seilbahn (die obere) soll den Mühlsteinbruch mit dem Bauplatze B, eine zweite Seilbahn (die untere) aber den Mühlsteinbruch mit der Thalsohle verbinden; beide Seilbahnen werden durch Dampfmotoren betrieben und derart angelegt, daß ein Auflaufen der Hängewagen von der einen Bahn auf die andere möglich ist, und daß eventuell — nach Bedarf — die untere Seilbahn, welche die geringeren Massen zu fördern hat, auch ganz aus dem Betriebe ausgeschaltet werden kann, ohne die Functionirung der oberen Bahn zu stören.

2. Eine Rollbahn soll den Tuffsteinbruch mit dem Bauplatze A, eine zweite Rollbahn den Fuß der Höhe A mit der unteren Seilbahn verbinden und mit ihrer Trace den Sanderzeugungsplatz tangiren.

3. Beide Rollbahnen sind durch eine schiefe Ebene mit Rollbahngeleisen — den Bremsberg — miteinander in Verbindung zu bringen, um das Auflaufen der Rollwagen von der einen Bahn auf die andere zu ermöglichen. Hiedurch kann Sand, Kalk etc. zu A und gleichzeitig nach der entgegengesetzten Richtung Tuffstein gegen B befördert werden.

4. Für den localen Materialtransport auf den beiden Bauplätzen, dann für den Zuschub des Sandes und Kalkes von den bezüglichen Erzeugungsstellen zur Thal-Rollbahn, endlich für das Verladen der Steine in beiden Steinbrüchen wurden transportable Rollbahngeleise in Aussicht genommen."

Projektierung und Bau der beiden Seilbahnen wurden der Firma Th. Obacher, Wien, übertragen und dabei für die obere Seilbahn eine Netto-Einzellast von 600 kg, für die untere 300 kg gefordert.

Die Holzarbeiten, die die Genie-Direktion Brixen in eigener Regie durchführte, verschlagen große Mengen an Bauholz:

„Um die beträchtlichen Holzmengen zu beschaffen, wurde aus ökonomischen Gründen der gesammte ältere Bestand einer im Thale bei D gelegenen (siehe Situations-Skizze), auf den Berghang sich hinaufziehende Waldparcelle angekauft; die noch nöthige, relativ

Das Werk Haideck im Spätherbst 1915 gegen Helm und Hornischeck

geringe Ergänzung bezog man theils aus einem thalabwärts gelegenen Walde, theils durch Handeinkauf.“

Am 22. März 1885 begann das Fällen der Bäume, am 11. Mai waren alle Ständer aufgestellt, ab 7. Juni wurden die Trag- und Zugseile aufgezogen, und am 9. Juli gingen beide Seilbahnen erstmals in Betrieb. Dabei stellte sich jedoch heraus, daß wegen der zu geringen Leistung der Dampfmaschinen technische Änderungen notwendig waren, die bis 22. August 1885 durchgeführt wurden. Nach der Erprobung nahm die Seilbahnanlage am 29. August 1885 die Arbeit auf.

Über die Rollbahnen schrieb Major Pap:

„Die Rollbahn in der Thalsohle hat hauptsächlich die Bestimmung, den Transport des Tuffsteines aus dem Bruche sowohl zu dem Objecte A, als auch zu dem Bremsberge zu ermöglichen, über welch letzteren der für B bestimmte Tuff auf die Sohle des Haupttales und sodann über die daselbst führende Thalbahn zur Drahtseilbahn-Station Mooswiese gelangt.

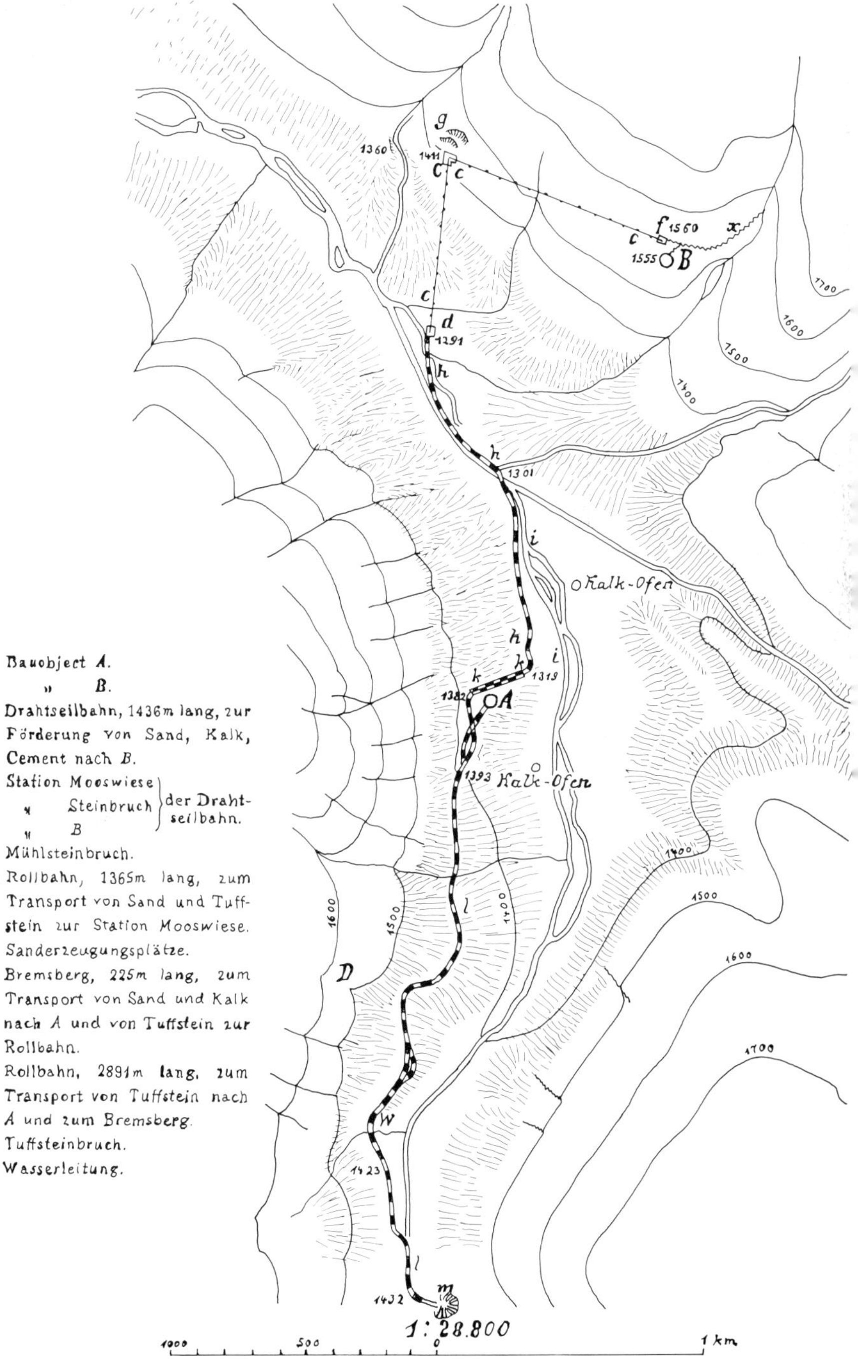

Bauobject A.
" B.
c Drahtseilbahn, 1436m lang, zur Förderung von Sand, Kalk, Cement nach B.
Station Mooswiese
" Steinbruch
" B
der Drahtseilbahn.
Mühlsteinbruch.
h Rollbahn, 1365m lang, zum Transport von Sand und Tuffstein zur Station Mooswiese.
Sanderzeugungsplätze.
Bremsberg, 225m lang, zum Transport von Sand und Kalk nach A und von Tuffstein zur Rollbahn.
Rollbahn, 2891m lang, zum Transport von Tuffstein nach A und zum Bremsberg.
Tuffsteinbruch.
Wasserleitung.
Kalk-Ofen
Kalk-Ofen
1:28.800
1000
500
0
1 km

Außerdem war der ganze Wasserbedarf für A sowie ein Teil des Sandes, dann Schotter und Bauhölzer mit dieser Bahn zu transportieren.

Die Sohle des Tuffsteinbruches liegt 44,88 m höher als das Parterre von A, es ist daher der gesammte Transport im Gefälle möglich. Um die günstigsten Bedingungen für die Mauerungsarbeiten auf A zu schaffen, wurde die Bahn an ihrem unteren Ende doppelgeleisig angelegt; das Hauptgeleise h,h mäßigt nämlich von der Abzweigungsstelle e angefangen sein Gefälle und mündet, über eine 38,8 m lange Brücke führend, auf dem Fußboden-Niveau des ersten Stockwerkes, während das Zweiggeleise z im früheren Gefälle bleibt und hiedurch das Niveau des Parterres erreicht. Dieses letztere Geleise führt auch zum Bremsberge…

Die zweite (untere) Rollbahn hat die Bestimmung, den am Fuße von A ausmündenden Bremsberg mit der Seilbahnstation Mooswiese in Verbindung zu bringen.

Diese Bahn ist 1365 m lang und mit Ausnahme ihres Anschlusses an den Bremsberg durchwegs eingeleisig; ihre Trace ist am Rande des breiten und schotterreichen Bachbettes (wo auch der Sand hauptsächlich gewonnen wird) geführt, übersetzt sodann den regulirten Bach und läuft auf dem rechtsseitigen Uferdamme bis in die Gegend der Mooswiese, wo die Trace der Seilbahnstation abbiegt… Nachdem der Bahnbetrieb nur mit Menschenkraft erfolgen sollte, entschied man sich für die geringe Geleisweite von 0,444 m…

Der Bremsberg ist eine über den Hang der betreffenden Kuppe gelegte, 225 m lange, auf 68,40 m, also durchschnittlich unter 1:3 ansteigende schiefe Ebene, welche die beiden Rollbahnen miteinander verbindet und die Aufgabe hat, Tuffsteine, dann die bei A entbehrliche Erde nach abwärts und gleichzeitig Kalk, Sand etc. nach aufwärts zu fördern…

Im Grundriß sind die beiden Geleise geradlinig traciert; im Längenprofil zeigen sie jedoch ein constantes Gefälle unter 1:2.7, welches an beiden Enden allmählich in die Horizontale übergeht.

Am oberen Ende befindet sich ein solid construirter hölzerner Bock, welcher die horizontale Welle mit den Seiltrommeln und der Bremsscheibe trägt; auf letztere greift ein stählernes Bremsband, welches mit einem Hebel angepreßt werden kann.

Über die beiden Trommeln sind die 9.5 mm starken Zugseile aus Tiegelgusstahl entgegengesetzt gewickelt; diese Seile tragen an ihren freien Enden starke schmiedeeiserne Karabiner, welche in die Eisenringe der Wagen eingehängt werden können.

Um auf dem Bremsberge zu fördern, wird am oberen und unteren Ende je ein Wagen an das Zugseil gehängt; indem man nun den stärker beladenen oberen Wagen bis an den Beginn der Rampe vorschiebt und ihn dort abläßt, erfolgt das Hinaufziehen des um etwa 25 Prozent weniger beladenen unteren Wagens, wobei die Geschwindigkeit der Bewegung nach Belieben durch die Bremse regulirt werden kann...“

Im Jahre 1888 waren die Hauptarbeiten an den beiden Sperrforts beendet, und die Seilbahnen und Rollbahnen wurden wieder abgebaut.

Am 31. Juli 1915 erfolgte die erste Beschießung des Werkes Haideck aus italienischen 28-cm-Haubitzen. Mehrere dieser schweren Granaten trafen in der Folgezeit das Fort und beschädigten es schwer. Da jedoch schon vor Einsetzen der Kampfhandlungen klar war, daß die Festung den modernen gegnerischen Artilleriegeschossen nicht standhalten würde, hatte man alle Geschütze und die wichtigsten Anlagen ausgebaut und in feldmäßige Stellungen gebracht.

Nach dem Krieg wurde die Ruine gesprengt, und die Einwohner Sextens benützten das herumliegende Material, um ihre Häuser wieder aufzubauen. Daraus erklärt sich, warum heute nur noch ein unbedeutender Hügel von dem einst so stolzen Bauwerk übriggeblieben ist.

(3) Mitterberg

Hoch über der Talsohle von Sexten liegt am Südhang des Helms das ehemalige Sperrfort Mitterberg. Als wichtiger Teil der „Sperre Sexten“ wurde es zwischen 1885 und 1889 zusammen mit dem Werk Haideck erbaut. Seine Bewaffnung bestand aus drei 12-cm-Minimalschartenkanonen M 80, drei 15-cm-Mörsern M 78 in Panzerkuppeln und fünf 11-mm-Montigny-Mitrailleusen. 1891 bekam das Werk ein eigenes Stromaggregat, das, von einem 5 PS starken Benzinmotor angetrieben, die Lampen der Innenbeleuchtung und den 60-cm-Scheinwerfer mit Energie versorgte.

Da das Werk über einen hervorragenden Beobachtungsbereich verfügte, entschloß man sich noch um die Jahrhundertwende, einen drehbaren gepanzerten Beobachtungsstand einzubauen. Auch die Bewaffnung wurde verbessert: die Mörser ersetzte man durch 10-cm-Panzerhaubitzen, und statt der veralteten Mitrailleusen baute man moderne Maschinengewehre ein. Bei Baubeginn konstruktiv und taktisch noch hochmodern, verlor es, wie auch das Werk Haideck, durch die Entwicklung hochbrisanter und durchschlagskräftiger Artilleriemunition Aanfang des 20. Jahrhunderts zunehmend an Bedeutung. Bereits 1909 war das Werk nur noch als „gebirgsgeschützsicher“ und „granatensicher“ eingestuft und wurde deshalb auch schon vor dem

Das Werk Mitterberg gegen das Fischleintal und die Berge der Sextner Sonnenuhr

Eintritt Italiens in den Krieg, nämlich im Januar 1915, desarmiert. Die Panzerhaubitzen kamen in Feldstellungen oberhalb des Werks, ebenso die 12-cm-Kanonen. Von diesen Stellungen ist heute nichts mehr zu sehen.

Zur Täuschung der Italiener, die vom Ausbau der Geschütze keine Kenntnis erhalten hatten, schaltete die zurückgebliebene Infanteriebesatzung nachts die Beleuchtung ein und verfeuerte in der Heizanlage nasses Holz, damit dem Gegner der aufsteigende Rauch auch gewiß nicht entging! Die italienische Führung ließ sich täuschen und belegte das Fort mit schwerstem Feuer aus 28-cm-Belagerungsgeschützen. Trotzdem mußte das Gebäude nur drei schwere Treffer hinnehmen, sein Wert als Infanteriestützpunkt blieb erhalten.

Über die Beschädigungen heißt es in Op. Nr. 1894/ B130 des Landesverteidigungskommandos Tirol:

„Die Beschädigungen an diesem Werke sind verhältnismäßig gering, was wohl hauptsächlich darauf zurückzuführen ist, daß dieses Werk ein bedeutend schwerer zu beobachtendes Ziel bietet als Haideck. Eine Bombe drang in den Hof und durchschlug die 1,50 m starke

Mauer zu einem Gang unterhalb der Kanonenbatterie durch. Die Werksdecke erhielt einen Treffer nächst der Haubitzbatterie, welcher jedoch nicht durchschlug. Der Mitrailleusenstand an der Kehle des Werkes erhielt einen Streifschuß.

Sämtliche Schäden sind ausgebessert und sind im Werke ständig Leute.

Die Desarmierungsarbeiten sind beendet.

Das Werk erhielt etwa 160 Schüsse verschiedener Kaliber, hievon 12 Treffer. Kaliber der schweren Geschütze wie bei Haideck.“

Nach dem Kriege boten die weitgehend intakten Mauern und Kasematten Sextener Familien Unterkunft, bis ihre zerstörten Häuser wieder aufgebaut waren.

Um dieses auch heute noch gut erhaltene und mittlerweile einmalige Objekt einer sinnvollen Verwendung zuzuführen, strebte der Verein der Dolomitenfreunde Ende der siebziger Jahre den Ausbau der Ruine zu einem Museum an. Obwohl der Architekt Dr. Albert Ortner aus Innichen detaillierte Pläne und Modelle vorlegte, kam es nicht zu einer positiven Entscheidung der Behörden.

Das Betreten der Anlage in ihrem augenblicklichen Zustand ist nicht anzuraten.

(4) Hahnspiel/Tonrast

Zwischen den ausgebauten Stellungen beim Werk Mitterberg und dem Stützpunkt Hornischeck gelegen, gehörten die beiden Höhenrükken Hahnspiel und Tonrast bei Beginn der Kämpfe am Kreuzberg zur sogenannten Hauptstellung.

Daß dies über den Zustand der vorhandenen Anlagen nichts aussagte, stellte als erstes das Standschützenbataillon Innsbruck I fest, dessen 2. Kompanie noch am Abend des 23. Mai 1915 nach Tonrast abmarschierte. Leutnant Mörl, der Bataillonsadjutant, schrieb darüber:

„Viel, viel schlechter ging es den Leuten der 2. Kompanie. Nach einem äußerst beschwerlichen Marsch in tiefer Dunkelheit auf einem kaum Steig zu nennenden Weg hatte die Kompanie endlich Tonrast erreicht. An Stellungen war nichts vorhanden, an Unterständen ebenfalls nicht, dabei lag teilweise noch Schnee zwischen den zahllosen Alpenrosenstauden, die später zu riesigen roten Blütenfeldern aufglühten.

Am nächsten Tag kam die 1. Kompanie nach Hahnspiel, wo ungefähr die gleichen Verhältnisse herrschten. Wegen allfälliger Fliegerbeobachtung wurde sogar das Aufstellen der Zelte bei Tag verboten.

Offiziere und Mannschaften lagen also ohne Schutz auf über 2000 Meter Höhe im Freien."

Neben den Standschützen verloren sich noch Teile des X./1.TJR in dem weitläufigen und unübersichtlichen Gelände, diese schüttere Schützenlinie hätte einem beherzten Angriff nicht standhalten können.

Erst als aufgrund des Eingreifens des Deutschen Alpenkorps Mitte Juni 1915 daran gedacht werden konnte, die Hauptwiderstandslinie zum Seikofel vorzuverlegen, verloren die Stellungen auf Hahnspiel und Tonrast an Bedeutung. Sie wurden zur „Auffanglinie" und Artilleriestellung, die Versorgung übernahm eine zweiteilige Seilbahn, die vom Werk Mitterberg bis auf Tonrast (Seilbahn Nr. 58/I und /II), später auch bis auf Hornischeck (Nr. 58/III) führte.

(5) Hornischeck (2550 m)

Bereits Ende 1913 leitete das österreichische Kriegsministerium (Abt. 8, Nr. 612 res.) die feldmäßige Befestigung des Hornischecks ein. Am 22. 3. 1914 kaufte das „k.k. Aerar" von der Gemeinde Sexten drei Grundteile von 600+100 +100 = 800 qm von der Parzelle Nr. 1849 um 15 Heller per qm.

Kampfanlage Hornischeck im Flugbild

Die Besitzergreifung erfolgte am 1. 7. 1914 durch Betreten, sofort anschließend wurde mit den Bauarbeiten begonnen. Die Aufgaben des Stützpunkts ergeben sich aus dem Ausrüstungsgeneralentwurf von 1914:

Kampfanlage Hornischeck Aufgabe

1. *Sicherung des Höhenbeobachtungspostens*
2. *Stützpunkt für die zur Festhaltung des Höhenrückens C. di Frugnoni — Helm zugewiesenen Kräfte.*
3. *Linker Flügelabschluß der Sperrgruppe.*

Die Nahkampfbewaffnung bestand aus vier 8-mm-Maschinengewehren M 7, die Sicherungsbesatzung aus einer halben Kompanie. Die Ausführung der Infanteriekampflinie sollte erst im Ausrüstungsfalle erfolgen (hieraus erklärt sich auch der völlig unzureichende Zustand der Infanteriestellungen auf Tonrast und Hahnspiel).

Während des Krieges wurden die Einrichtungen auf dem Gipfel von einem Artilleriebeobachter und einer Signalabteilung (Blinkscheinwerfer) genutzt. Die heute vorhandenen Gebäude wurden in der Zwischenkriegszeit von den Italienern gebaut.

Auf Hornischeck im Winter 1917

Inspektion am Karnischen Kamm im Winter 1916/17

(6) Hochgräntenjoch (2429 m)

Das Hochgräntenjoch war als Übergang zwischen Diemut und Hollbrucker Spitze Ziel mehrerer italienischer Angriffe; die schweren Kämpfe am Roteck (8) hatten nicht zuletzt das Ziel, diesen Weg in das Lesachtal freizumachen.

Im Bereich des Sattels kann man heute noch interessante Objekte erkennen, so die Reste der vom Hollbrucker Tal heraufführenden Seilbahn (Nr. 58 a), die mit 3020 m Länge eine der größten Seilbahnen des Abschnitts darstellte. Mehrere Barackenfundamente zeugen von der Bedeutung dieser Versorgungseinrichtung für die anschließenden Stellungen auf Diemut und am Roteck. Die einfache Nachschubmöglichkeit für Munition legte auch den Einsatz von schwerer Artillerie nahe, und im nordöstlichen Bereich des Hochgräntensattels sind auch heute noch Feldstellungen der 10-cm-Feldhaubitzen zu finden.

Ganz in der Nähe des Sees liegt einer der wenigen in der Hochregion belassenen Soldatenfriedhöfe. Die hier Begrabenen fielen während des italienischen Angriffs auf Roteck und Schöntalhöhe am 6. September 1915.

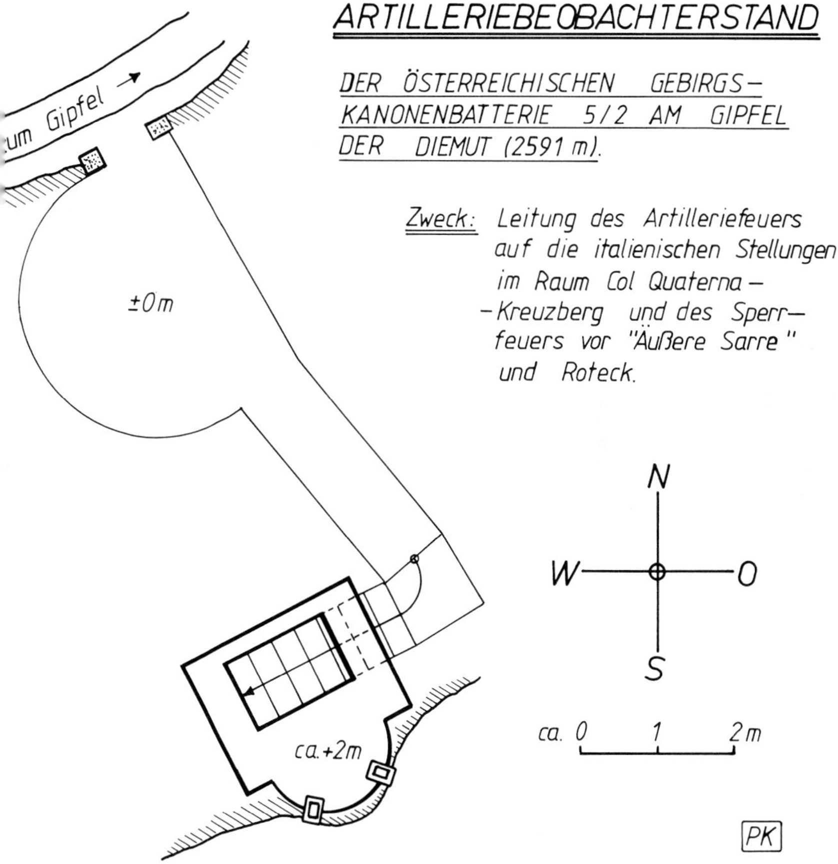

(7) Diemut (2591 m)

Die Diemutspitze (auch „Demut") weist heute noch einige sehr interessante Objekte auf, die man mit der nötigen Vorsicht besichtigen kann.

Knapp unterhalb des Gipfels, unmittelbar am Weg, befindet sich der Eingang zum ehemaligen Artilleriebeobachtungsstand der Gebirgskanonenbatterie 5/2, der, von der Feindseite aus betrachtet, ein recht merkwürdiges „Gesicht" aufweist. Durch einen geräumigen Eingang und einen schmaleren Gang kommt man zu einer sechsstufigen Treppe, die in den eigentlichen Beobachtungsstand führt. In einer halbrunden, nach Südwesten vorspringenden Ausbuchtung des Raumes befinden sich zwei Ausgucklöcher, die mit auf Schienen laufenden schweren Eisenpanzern verschließbar sind. Aus diesem Stand konnte das Artilleriefeuer auf die eigenen und feindlichen Stellungen zwischen Eisenreich und Rotwandwiese geleitet werden. Steigt man den Weg vom Hochgräntensattel zur Diemutspitze hinauf, so findet man knapp unter dem Gipfel, etwas links des Weges, das Fundament der letzten Stütze der ehemaligen Seilbahn (Nr. 58 b), die einst die Verbindung zur Seilbahn aus dem Hollbrucker Tal herstellte. Rechts oberhalb des Weges stand die Bergstation dieser Bahn.

(8) Roteck (2390 m)/China-Sattel (2354 m)

Das Roteck war wohl einer der Orte im Kreuzberggebiet, an denen mit der größten Härte und Verbissenheit gekämpft wurde. Die Angriffe am 4. August und am 6. September 1915 entwickelten sich für die Italiener zu den verlustreichsten Kampfhandlungen in diesem Frontabschnitt.

Die Bedeutung dieser Kuppe für die österreichischen Verteidiger läßt sich auch heute noch unschwer an den gewaltigen Erdbewegungen erkennen, die damals für den Bau der bombensicheren Unterstände und Laufgräben notwendig waren. Da die italienischen Artilleriebeobachter die Stellungen auf Roteck überhöhten, hatten sie einen sehr guten Einblick. Deshalb beschossen sie die Kuppe auch während ruhigerer Zeiten regelmäßig.

Der Sattel zwischen Roteck und Diemut wird deshalb als „China-Sattel“ bezeichnet, weil hier gleich zu Beginn des Krieges eine Kanonenbatterie zum Einsatz kam, die Geschütze verwendete, die ursprünglich für China bestimmt, bei Ausbruch des Krieges jedoch nicht mehr ausgeliefert worden waren.

(9) Äußere Sarre (ca. 2360 m)

Ursprünglich als Alarmstellung für Roteck und Schöntalhöhe gedacht und nur nachts besetzt, bestand die Sarrestellung während des italienischen Angriffs am 6. September 1915 ihre Feuertaufe. Nur 18 Silzer Standschützen unter ihrem Leutnant Ruech verteidigten die damals bei weitem noch nicht so gut ausgebauten Gräben gegen vier Kompanien des italienischen III./IR 55.

In der Folge war sie ununterbrochen besetzt und wurde stark ausgebaut.

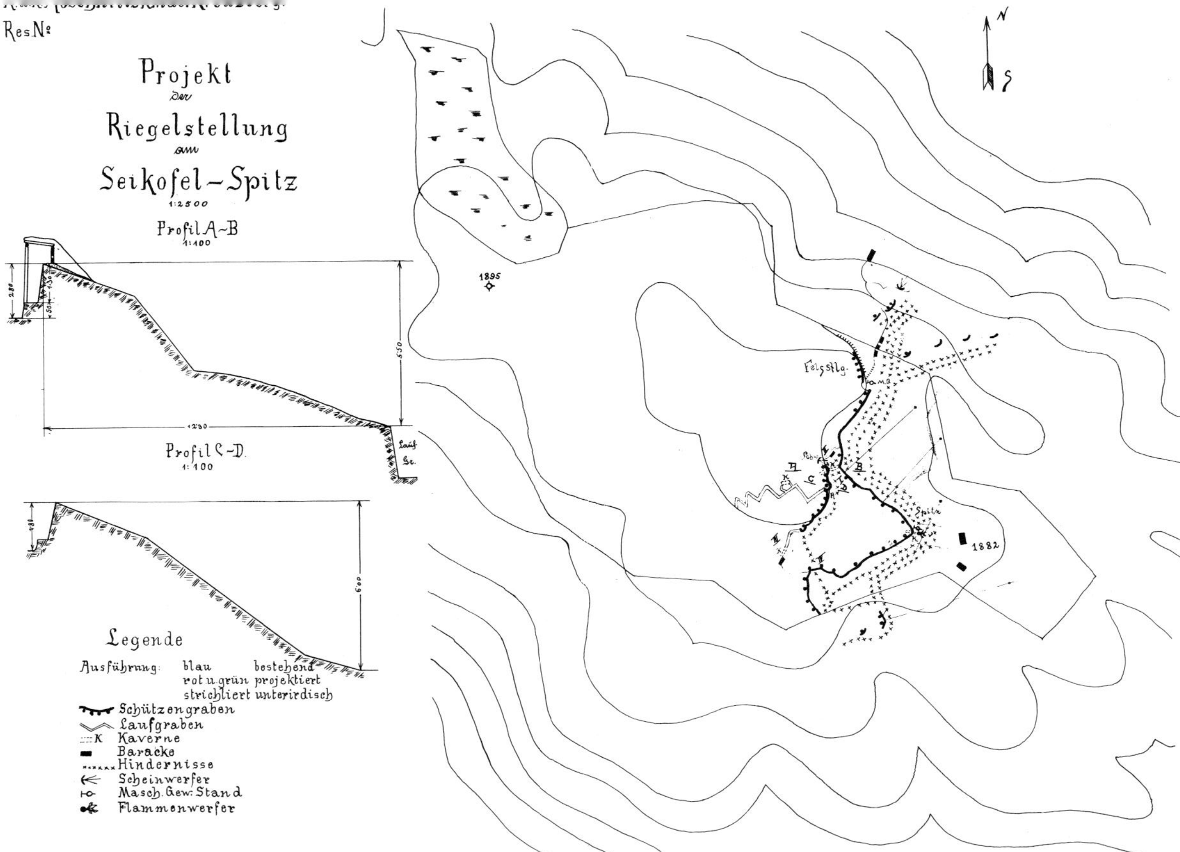
Res.No
Projekt der Riegelstellung am Seikofel-Spitz
1:2500
Profil A-B
1:100
Profil C-D
1:100
Legende
Ausführung: blau bestehend
rot u. grün projektiert
strichliert unterirdisch
Schützengraben
Laufgraben
Kaverne
Baracke
Hindernisse
Scheinwerfer
Masch. Gew. Stand
Flammenwerfer
1895
1882
Felsstlg.
Spitz
N
S

(10) Altherberg (ca. 1780 m)

Der als „Altherberg“ bezeichnete Talboden zwischen Seikofel und Pfandleck wurde im Laufe der Kriegsjahre zu einer starken Infanteriestellung mit ausgedehnten Hindernissen ausgebaut. Mit Hilfe der alten Stellungsskizzen kann man die allerdings stark verfallenen Kriegsbauten wieder auffinden. Auch diese Stellung litt unter dem immer wieder einsetzenden Artilleriefeuer der Italiener.

Die Hauptwiderstandslinie verlief vom Talboden durch die Südosthänge des Pfandlecks und durchlief das obere Pullbachtal, um Anschluß an die Laufgräben zum Roteck zu finden.

(11) Seikofel (1908 m)

Der Seikofel läßt sich in seiner Bedeutung für die Verteidigung des Pustertals mit so bekannten Orten wie dem Monte Piano und dem Toblinger Knoten vergleichen. Er war so wichtig, daß man nach Einsetzen des Minenkrieges Anfang 1916 die bevorstehende Sprengung durch die Italiener vermutete.

Auf diesem Hügel lagen die tief eingegrabenen Gegner wenige Meter auseinander, getrennt nur durch die ausgedehnten Drahthindernisse, die vom Artilleriebeschuß immer wieder zerfetzt wurden.

Die Stellungsreste sind heute vielfach von Latschen und Unterholz überwuchert, vor allem die ehemaligen italienischen Gräben sind nur sehr schwer erreichbar. Einen sehr guten Eindruck vermittelt die ehemals österreichische Gipfelstellung.

(12) Burgstall (2168 m)/Schellaboden

Die Burgstallstellung war im Krieg die äußerst rechte Talflügelstellung und zugleich Anschlußpunkt zur extrem hoch liegenden Rotwandstellung. Die Unübersichtlichkeit des Geländes machte eine dauernde Überwachung mittels Patrouillen notwendig.

Aus dieser Stellung heraus trat Christian Graf v. Wolkenstein am 14. November mit seinen Männern zu der Aktion gegen die italienische „Weißbachstellung“ an.

(13) Obstanser See

Die Bergstation der Seilbahn Nr. 59 a Obstanser Wiese—Obstanser See entwickelte sich bald nach der Fertigstellung der Bahn zum Verteilerpunkt für alle Versorgungsgüter im Bereich zwischen Eisenreich und Pfannspitze.

Talstation der „Prinz-Heinrich"-Seilbahn (Winklertal—Obstans)

Von dieser Bergstation ist nicht mehr viel zu erkennen, beim Bau der ersten Obstanser-See-Hütte im Jahre 1930 wurde noch viel von den Resten als Baumaterial verwendet. Ein besonderes Problem bezüglich der Versorgung dieses Abschnitts war die Gefährdung durch Lawinen, wie das Lawinenunglück vom 13. 12. 1916 auf der Obstanser Wiese deutlich zeigt. Der Kampfabschnittskommandant, Oberstleutnant Zach, schrieb in seinem Erfahrungsbericht (Op. Nr. 276 v. 28. 12. 1916):

„Nachdem bei der großen Zahl der Lawinen, welche die Seitentäler des Lesachtales gefährdet haben, jede Vorbereitung durch Warnungstafeln unzureichend ist, ist das einzige Mittel, um größere Lawinenunglücke zu verhindern, das gänzliche Einstellen jeder Bewegung und das Sperren der Täler.

Bezüglich der Seilbahnen schließe ich mich der Ansicht des alp. Referenten an; bei ihrer Anlage wurde weder ein erprobter Alpinist, noch der Grenzabschnittskommandant zu Rate gezogen.

Bergstation der Seilbahn Winklertal—Obstans

Dort, wo Lawinensporne bei den Seilbahnstützen zerstört wurden oder überhaupt noch nicht bestanden haben, habe ich den Bau winkelförmiger 5—6 m hoher Dämme aus fest gestampftem Schnee angeordnet, welche sich bewähren."

In einem Nachtrag hierzu schreibt er des weiteren:

„Zur nachträglichen Kenntnisnahme mit der Meldung vorgelegt, daß schon mehr als eine Woche im Abschnitte Karnischer Kamm von den eisernen Vorräten in den Höhenstellungen gelebt wird, nachdem ein Erreichen der Höhenstellungen bis nunzu noch nicht möglich war."

Im Jahre 1917 stellte man sich schon besser auf die außergewöhnlichen Umstände ein (op. Nr. 710/2 v. 13. 9. 1917):

„Wegen Lawinengefahr wird mit Ende Oktober das Kampfabschnittskomando I von Obstans nach Kartitsch verlegt und verbleibt in Obstans nur ein Detachement von ca. 20 Mann, welchem die Regelung des Verpflegungsnachschubes und die Bewachung der Räumlichkeiten obliegt."

Im September 1916 kamen zu den bereits bestehenden Hauptversorgungsseilbahnen noch Handaufzüge vom Obstanser See nach Eisenreich (Nr. 59 b), zur Cima Frugnoni (Nr. 59 c) und zur Pfannspitze (Nr. 59 d), von denen leider keine Bilddokumente mehr existieren. Alle diese Bahnen wurden nach Abzug der Italiener im Oktober 1917 wieder abgebaut.

U.K. 56. Gebirgsbrigadekommando

Op. No 183/II

stand der Marschkomp. für Res III/29

Konzept

An

Das K.U.K. I T D Kommando Goiginger

in

Feldpost No 601

Feldpost No 222, am 17/8,1915.

Die 7te/XIII Marsch Komp. des I R 29 für Res. III/29 bestimmt, ist heute auf Obstanz zum Baon eingerückt.

Stand der Komp: 1 Off., 1 Kadett und 119 Mann, zirka [illegible]0% der Mannschaft sind Serben, 10% Deutsche, je 5% Ungarn und Rumänen.

Die Komp. ist ziemlich gut ausgerüstet, noch fehlende Sorten werden angefordert. Die Mannschaft ist entsprechend ausgebildet, hat Uebungen im feldmässigen Schiessen mitgemacht und machte guten Eindruck auf Mjr. v.Pasetti. Die Komp. wird auf die übrigen Komp. aufgeteilt und bei dieser Gelegenheit das Baon in 4 Komp. formiert werden.

Gw.

(14) Pfannspitze (2678 m)

Auf dieser höchsten Erhebung über dem Obstanser See spielten sich in den ersten Kriegstagen dramatische Ereignisse ab. Zunächst von einer Patrouille der italienischen 68. Alpini-Kompanie besetzt, stürmten am 3. Juni 1915 „Rainer" und Lesachtaler Standschützen unter Fähnrich Steiner den Gipfel und nahmen ihn für immer in österreichischen Besitz.

Mehrmals noch mußte dieser Gipfel gegen italienische Angriffe (August und September 1915) verteidigt werden, dann wurde es hier ruhiger. Nach der Fertigstellung der Handseilbahn gab es auch keine Versorgungsschwierigkeiten mehr.

(15) Kinigatscharte (Sandiger Boden)

Wie die umfangreichen Gebäude- und Stellungsreste auf diesem einladend flachen Sattel zeigen, befand sich während des Krieges hier eine recht wichtige Feldwache. Grund hierfür war die Tatsache, daß es von hier aus durch die sogenannte „Sandige Runst" eine Abstiegsmöglichkeit in das Erschbaumer Tal gibt.

Durch diesen Schutthang gab es früher auch einen Weg, heute wäre ein Aufstieg aus dem Liköfltal eine sehr mühsame Sache. Der 1915

Oblt. Stuppöcks „Quartier" auf Eisenreich

errichtete Steig aus der Kinigatscharte zum Kinigatplateau ist heute wieder begehbar und führt durch die Westflanke der Großen Kinigat.

In alten Karten ist fälschlicherweise der heute durchwegs als „Große Kinigat“ bezeichnete Gipfel (2689 m) als „Königswand“ eingezeichnet, so auch in der Stellungsskizze des III. (Trachom) Btl. 104, das hier mehrere Monate lang eingesetzt war.

(16) Große Kinigat

Von welcher Seite man die Große Kinigat und die Königswand auch betrachtet, sie sind immer gleich beeindruckend. Während der „wahre“ Königswandgipfel, nämlich die im Ostteil des Massivs aufragende 2684 m hohe Spitze, dem Kletterer vorbehalten bleibt, ist das „Europakreuz“ auf der Großen Kinigat heute verhältnismäßig leicht erreichbar. Trotzdem sollte man diesen Berg nicht unterschätzen, denn der Fels ist, nicht zuletzt durch den jahrelangen Artilleriebeschuß, brüchig.

Ganz zu Beginn des Krieges reichten die österreichischen Kräfte nicht aus, um Kinigat und Königswand zu besetzen. Die beiden

Inf.-Kommando in der Kinigatscharte (4. Komp. Baon III/104)

Blockhaus „Villa Irma“ des Artillerie-Beobachters auf der Königswand

italienischen Aktionen gegen diesen Kampfabschnitt machten jedoch den taktischen Wert von Gipfelstellungen deutlich, und man entschloß sich, die leichter ersteigbare Große Kinigat auszubauen.

Um die Versorgung sicherzustellen, errichtete man zunächst einen Handaufzug, der später dann mit einem Benzinmotor ausgerüstet wurde. Damit war die Voraussetzung dafür geschaffen, Material zum Bau winterfester Unterkünfte auf das kleine Hochplateau zu transportieren. Es entstanden mehrere Blockhäuser, in denen ein Artilleriebeobachter der auf Filmoor stationierten Batterie und eine Infanteriemannschaft untergebracht wurden.

Am südseitigen Abstieg findet man heute noch die Deckungskaverne der ehemaligen Maschinengewehrstellung.

(17) Filmoor

Die auf Filmoor erst vor wenigen Jahren errichtete „Standschützenhütte“ verdeutlicht schon mit ihrem Namen, wer entscheidend an der Verteidigung dieser Hochgebirgsstellung Anteil hatte.

Königswandgipfel mit Infanterie-Blockhaus vom Steig aus der Kinigatscharte

Auf dem Königswandgipfel. Infanterie-Blockhaus, Kinigat, Maurerspitze. Hinten Wild- und Hochgall

Es waren die Standschützen der Kompanie Lesachtal, die hier unter Hauptmann Straßer, gemeinsam mit ein paar Gendarmen und einem schwachen Zug der 4. Kompanie der „Rainer", die schweren Angriffe der Italiener vom 9. bis 12. Juli 1915 abschlugen. Die Angehörigen dieser Standschützenkompanie kamen aus Ortschaften, die unmittelbar hinter ihnen im Tal lagen: Unter- und Obertilliach, Kartitsch und Villgraten. Es ist deshalb nicht verwunderlich, daß diese Männer mit größtem Einsatz kämpften.

Seilbahnstation auf der Königswand

Rayonskommando V.
Seilbahnrayonsleitung

20/14 6 9

Betrifft Seilbahnobjekt 60 Erschbaumertal-Tscharknollen

Exh.Nr.303/Sl.R.

An

das k.u.k. R a y o n s k o m m a n d o V (Geniestabsgruppe)

Feldpost 392,am 23.Dezember 1916.

Feldpost 392.

Unter Bezug auf die Meldung,dass das Seilbahnobjekt 60 infolge Lawinengänge und Verwehungen außer Betrieb gesetzt wurde, unterbreite ich die Anfrage mit der Bitte um Entscheidung,ob dieses Objekt wieder in Stand gesetzt werden soll,wobei ich auf den Umstand hinweise,dass ich schon im Sommer dieses Jahres darauf hingewiesen habe,dass der Betrieb dieses Objektes zur Zeit der Lawinenperiode kaum aufrecht erhalten werden kann.

In diesem Belange möchte ich insbesonders darauf hinweisen, dass ein Schutz dieses Objektes gegen Beschädigung durch Lawinen schon aus der einfachen Erwägung unmöglich ist,als die Stützen nicht durch Lawinen umgelegt,sondern durch Rieselschnee von der 600 Meter hohen Königswand vollkommen verschüttet werden;z.B.ist von der 14 Meter hohen Stütze nur mehr der Kopfbaum sichtbar.

Unter der Annahme,dass nunmehr eine längere Kälteperiode zu gewärtigen ist,bitte ich in Ansehung des Umstandes,dass die Filmoorstellung in unzureichenderweise mit Brennholz ausgerüstet ist um Befehl zur Wiederinstandsetzung diesesObjektes,welches in circ. 14 Tagen den Betrieb aufnehmen könnte;bei rationeller Ausnützung desselben könnten - mit diesem Objekte können täglich 24000 kg. befördert werden - die Brennholzvorräte in kürzester Zeit in die Stellung geschaft werden.

Mit Rücksicht auf den geringen Stand des Baudetachement der Seilbahngruppe 29,bitte ich jedoch das AbschnittsKomdo.Karn.Kamm veranlassen zu wollen,für diesen Zweck 100 Mann,insbesondere zum Ausschaufeln der Trasse beizustellen.

i.V. [signature]

Bis 1917 wurde die Filmoorstellung zielstrebig zu einem widerstandsfähigen Stützpunkt ausgebaut, in dem vor allem auch starke Artilleriekräfte ihren Platz bekamen. Der Nachschub für den Abschnitt kam über die Seilbahn aus dem Erschbaumer Tal.

(18) Mittersattel (2329 m)

Am Mittersattel war die zentrale Kommandostelle für die Artillerieeinheiten im Bereich Filmoor eingerichtet. Zeitweise stand hier auch eines der beiden Geschütze der 10-cm-Panzerhaubitzbatterie Nr. 156. Schon Anfang 1916 konnten alle Geschütze, auch die zwei 9-cm-Feldkanonen M 75/96 (die mehrere Wechselstellungen hatten), mit Telefonleitungen verbunden werden.

(19) Tilliacher Joch (2094 m)

Wie der Filmoorsattel war auch das Tilliacher Joch Schauplatz schwerer Kämpfe. Während der italienischen Angriffe am 15. Juni 1915 wehrten sich 29 „Rainer" und 23 Lesachtaler Standschützen erfolgreich gegen ein ganzes italienisches Infanterieregiment (Nr. 94, Toscana).

Bis die Seilbahn zum Gipfel des Bärenbadecks fertiggestellt war, mußten Träger alle Versorgungsgüter für die Gipfelstellung über das Tilliacher Joch und den anschließenden Grat schleppen. Da dieser Weg fast auf ganzer Länge von den italienischen Artilleriebeobachtern überwacht werden konnte, gestaltete sich diese Art des Nachschubs sehr verlustreich.

Auf der Südseite des Tilliacher Jochs bauten die Italiener nach dem Krieg Kasernenanlagen, die nun jedoch verfallen. Immerhin können sie noch kurzzeitig Schutz vor Unwettern bieten.

Bezeichnung	Nummer	Type	Horizont. Länge	Höhen-untersch.	Zahl der Stützen	Trag-seil Ø	Zug-seil Ø	Leistung in 10 Stunden	Fahrzeit in Minuten	Maximale Einzel-last	Motor			
											U/Min	PS	Lieferfirma	Type
Sexten - Innergsell	57	Ratzinger Weidenk.	1000	650		30	7	3000	12	500		6	Lang - Hastberg	
Bad Moos - Rotwandwiese	69	Hinter-schweiger	2138	591	15	15,5	10,5	1500	28	150	280	14	München - Sendling	
Negerdörfl - Hahnspiel	58/I	–II–	1190	330	7	30	10,5	3000	14	500	280	12	Langen & Wolf	Ottomotor
Hahnspiel - Tonrast	58/II	–II–	1180	340	7	30	10,5	3000	16	500	280	12	–II–	–II–
Tonrast - Hornischeck	58/III	Winde	300	140	—	11	5	2000	15	80				Handbetrieb
Pfandleck - Beobachter	58/IV	Winde	600	270		11	5	1800	15	60				–II–
Klammbachboden - Pfandleck	58/V	Winde	425	200		11	5	1800	9	80				–II–
Hochgränten	58a	Hinter-schwaiger	3020	926	8	21,5	12,5	6000	36	400	1400	14	München - Sendling	
Diemut	58b	–II–	543	300	1	11,5	7	1500	18	60				
Winklertal	59	–II–	756	452	3	21,5	12,5	15 000	17	500	280	14	München-Sendling	
Obstanzer Felsriegel	59a	–II–	1250	370	2	13	9,5	5500	12	100	980	5	J. Warcha-lovski	
Obstanz - Eisenreich	59b	–II– Winde	1400	340			8	950	62	100				Handbetrieb
Obstanz - Frugnoni	59c	–II– Winde	1000	260			8	1500	46	100				–II–
Obstanz - Pfannspitze	59d	–II– Winde	1000	390			8	1300	46	100				–II–
Tscharrknollen	60	–II–	4261	769	9						760	15	Langen & Wolf	Deutz
Gärber - Erschbaumertal	60a	–II–	1750	180	5		9			150	320	17	München - Sendling	
Königswand	60b	–II– Winde m. Ant.	1100	600		13	9	1000	18	80	270	4		
Bärenbadeck	61	–II–	1650	890	5	15,5	10,5	3500	19	150	300	12		
Tilliacherjoch	61a	–II– Winde m. Ant.	413	180		11,5	7	3000	15	50				
Winklerjoch	62	–II–	2360	810		15,5	10,5	3500	22	150	300	12	München - Sendling	
Hochspitz	62a	–II–	1565	800	7	15,5		2500	23	120	280	5		
Panzendorf - Kartitsch		Bleichert Leipzig	5614	139	70	18,5		45 000			750 760	35 35	Langen & Wolf	

Keine Angabe = nicht nachweisbar !

PK

Ehemalige italienische Stellungen

111 Kreuzbergpaß/Katzegrand

Über Jahrhunderte hinweg war der Kreuzbergpaß eine natürliche und politische Grenze zwischen den verschiedensprachigen Staaten im Süden und Norden der Alpen.

Ununterbrochen 400 Jahre lang verlief hier die Grenze zwischen Tirol und der Republik Venedig, bis durch den Wiener Kongreß 1815 das Herrschaftsgebiet der Österreicher auf das Lombardo-Venezianische Königreich ausgedehnt wurde. 1866 mußte Österreich wegen des verlorenen Krieges gegen Preußen Venedig an dessen Bundesgenossen Italien abtreten, somit verlief am Kreuzbergpaß erneut die Staatsgrenze. Dies änderte sich erst nach dem Ersten Weltkrieg, als Südtirol dem italienischen Hoheitsgebiet einverleibt wurde. Die Straße über den Paß stellte immer eine wichtige Nord-Süd-Verbindung dar, und so ist es nicht verwunderlich, daß schon sehr früh neben der Finanzierikaserne eine Poststation und Gasthäuser entstanden.

Nach dem Kriege konnte auch hier der Tourismus Fuß fassen, und aus den zerschossenen Ruinen entstanden wieder schmucke Gasthöfe, die sich heute als komfortable und leistungsstarke Gastronomiebetriebe mit Sommer- und Wintersaison präsentieren.

Blick von den österr. Stellungen auf den Kreuzbergsattel und Cima dei Collesei

Baon

Skizze der feindlichen Stellungen am Quaterna-Rossonrücken

beobachtet am 19. Juli von der Rotwandspitze mit 52 fachem Fernrohr von Josef Hosp, Kaplan.

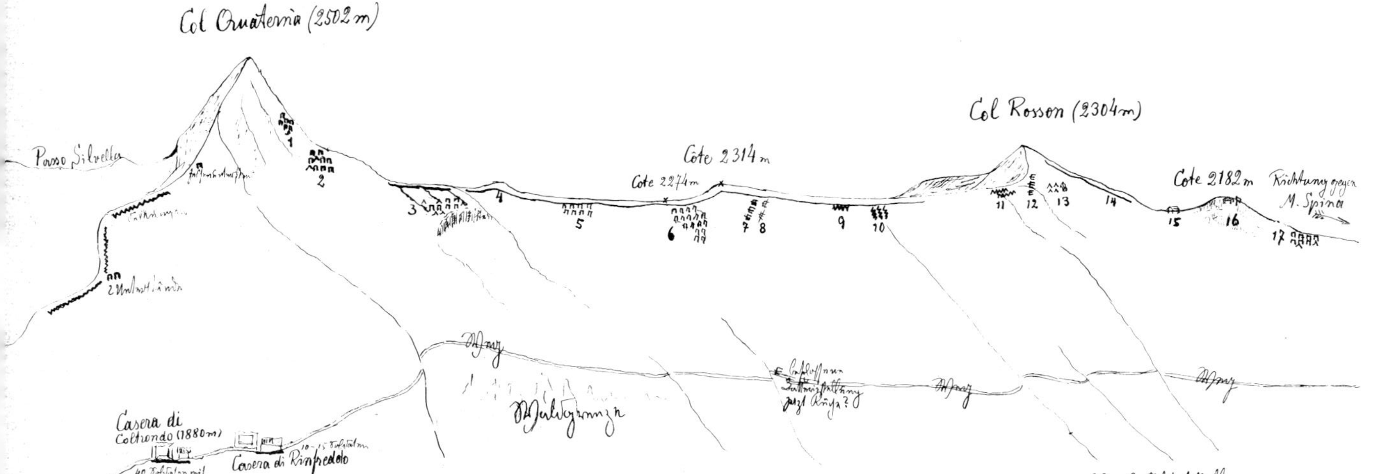

Legende:

1 : 4-5 Unterstände (eingegraben) und 3 Zelte
2 : 20 Unterstände " und 10 Zelte
3 : 60 Unterstände, 5 davon größere, sonst zu 3-4 Mann
4 : Schützengraben, laufend über den ganzen Grat.
5 : 11 Unterstände.
6 : 20 Unterstände und 3 Zelte.
7 : einseitig offenes Viereck zu Masch. od. Geschützstellung
8 : Batteriestellung und gedeckte Stellung
9. und 10 starke Infanteriedeckungen
11 starke Deckungen
12 : 3 Geschützstellungen
13 : Mannschaftslager: 9 Zelte, 1 Holzbaracke
14 : Schützengraben
15 : Im Bau befindliche Baracke
16 : Beobachterstände oder Zeltenstellen
17 : 5 Unterstände u. 3 Zelte.

Wer heute mit offenen Augen durch die zerrissene Landschaft des Katzegrand wandert, wird allenthalben auf militärische Bauwerke stoßen.

Diese sind zum Großteil nicht mit den im Ersten Weltkrieg erbauten Stellungen identisch; es handelt sich hier vielmehr um Anlagen, die während der Zwischenkriegszeit unter Mussolini entstanden sind und die heute noch von der italienischen Armee gepflegt werden.

Es gibt in diesem Gelände sehr viele Wege und Steigspuren, und mit dem entsprechenden Spürsinn wird der Interessierte auf ihnen auch die ehemaligen italienischen Grabensysteme erreichen. Diese sind jedoch auf weite Strecken, bedingt durch die hier noch herrschende Vegetation, zerfallen und von dichtem Gestrüpp überwuchert. In die einsameren Teile des Katzegrand und der ehemaligen italienischen Weißbachstellung sollte man nicht alleine eindringen.

I2I Seikofel

Auch der Seikofel ist heute von dichter Vegetation überwuchert, das gilt insbesondere für die ehemaligen italienischen Stellungen. Ein Besuch dieser Anlagen wird in der Regel in nachgiebig federnden Latschenbüschen steckenbleiben. Einen recht guten Überblick über die Situation kann man sich aus der ehemals österreichischen Gipfelstellung verschaffen, in der, bedingt durch den jahrelangen Artilleriebeschuß, bis heute noch kein nennenswerter Bewuchs aufgekommen ist.

I3I Cima dei Collesei (Schuß)

Auf diesem sanften Grasbuckel kann man auch heute noch sehr gut die Grabensysteme der Italiener erkennen, die hier einen Teil ihrer schweren Artillerie eingebaut hatten. Die dazugehörigen Infanteriestellungen gehörten zur sogenannten „Zweiten Linie“, einer Auffangstellung für den Fall eines Durchbruchs der Österreicher auf Katzegrand oder am Kreuzbergpaß.

Die Stellung besaß im Krieg eine zweispurige Seilbahnverbindung in das Val Risena, die bei einer Länge von 900 m einen Höhenunterschied von 550 m überwand. Die im November 1917 vordringenden österreichischen Truppen fanden diese Anlage in einem verhältnismäßig guten Zustand vor, lediglich Antriebsmechanismus und -motor waren von den Italienern zerstört worden.

Die Straße, die heute von Süden hier heraufführt, wurde unter Mussolini errichtet, um die umfangreichen neuartigen Verteidigungs-

k. Landsturm-Infanterie-Bataillon Nr. 29

Ö.A. Nr 785

Situationsskizze der feindl. Seikoflstellung.

Maßstab 1: 10000

Legende:

- = Deckungen ohne sichtbarem Zusammenhang.
- = Unterkünfte
- = Vermutlich größeres Lager u. Küchen

10/5 1916.

[signature]

anlagen in den Felsen des Papernkofels errichten zu können. Alte Sextener Bürger wissen noch von den großen Zivilarbeiterabteilungen zu erzählen, die hier in den dreißiger Jahren Tag und Nacht beschäftigt waren.

14 Casera di Coltrondo/Casera di Rinfreddo

Diese wenig voneinander entfernten Almen bestanden schon vor dem Krieg, die vorhandenen Gebäude wurden von den Italienern gleich nach Beginn der Kampfhandlungen als Bataillonskommando und später als Versorgungseinrichtung genutzt. Im Laufe der Kriegsmonate entstanden hier richtige Dörfer mit Verpflegungsdepots und einer Munitionsniederlassung. In den Wäldern rund um die Alm sammelten sich die italienischen Truppen für die Angriffe auf Seikofel, Roteck und Schöntalhöhe.

Bis zur Casera di Coltrondo kann man heute mit dem Auto fahren, die Almen sind einfach bewirtschaftet.

15 Col Quaterná (Knieberg, 2503 m)

Diese beherrschende Spitze war einer der Angelpunkte der italienischen Frontlinie. Die zahlreichen Stacheldrahtreste und die vielen

Col Quaterná und Cresta del Vallorera von der österr. Stellung unterhalb Pfandleck

Stellungsgräben, Unterkunftskavernen und Geschützstellungen, die auch heute noch überall im Gelände verstreut zu sehen sind, weisen auf die ehemalige Bedeutung des Berges hin. Der Gipfel selbst war von Kavernen und Gängen durchlöchert; leider sind diese Anlagen heute verschüttet, man sieht nur noch den ehemaligen Ausstieg aus dem unterirdischen System zum Artilleriebeobachterposten, der sich unmittelbar am Gipfel befand.

Auch diese Stellung wurde einst mit einer zweispurigen, ca. 2000 m langen Seilbahn versorgt.

I6I Col Rosson (2305 m)

Dieser an sich unscheinbare Berg wurde im Krieg zu einem der bedeutendsten Artilleriestützpunkte der Italiener in diesem Abschnitt. Hier standen die Geschütze, die den österreichischen Verteidigern in der Filmoorstellung am meisten zu schaffen machten. Die hier installierten Batterien standen deshalb oft unter dem Beschuß der österreichischen Kanonen auf Eisenreich und Diemut.

Die Munition, die ja den italienischen Artilleristen in fast unbegrenzten Mengen zur Verfügung stand, kam über ein Seilbahnsystem (zwei Sektionen, 1000 und 1500 m Länge, insgesamt 950 m Höhenunterschied) in die Stellung.

I7I Filmoorgrat

Der Filmoorgrat ist der Geländeabschnitt am westlichen Karnischen Kamm, wo sich Italiener und Österreicher auf die kürzeste Distanz angenähert hatten. Das Niemandsland zwischen den am weitesten vorgeschobenen Feldwachen bestand nur noch aus einem ca. 300 m langen, schwer gangbaren Gratstück.

Diese vorgeschobenen Feldwachen wurden auf beiden Seiten durch versicherte Steige mit der Hauptstellung verbunden. Zwischen den gegnerischen Stellungen gab es logischerweise keinen Verbindungsweg, und so ist es auch zu erklären, warum der heute über den Filmoorgrat führende Steig eine derart schlecht ausgeführte Teilstrecke aufweist. Dieses Wegstück zwischen der ehemals österreichischen und der ehemals italienischen vordersten Stellung besteht praktisch nur aus dem vom Italienischen Alpenverein (Sektion Comelico) in nicht gerade fachgerechter Art und Weise eingezogenen Drahtseil, das sich seit seinem Einbau bereits gelockert hat und das erfahrungsgemäß in absehbarer Zeit durch Schnee- und Eisdruck Schäden aufweisen wird. Auch die Markierung dieses Steiges ist teilweise irreführend.

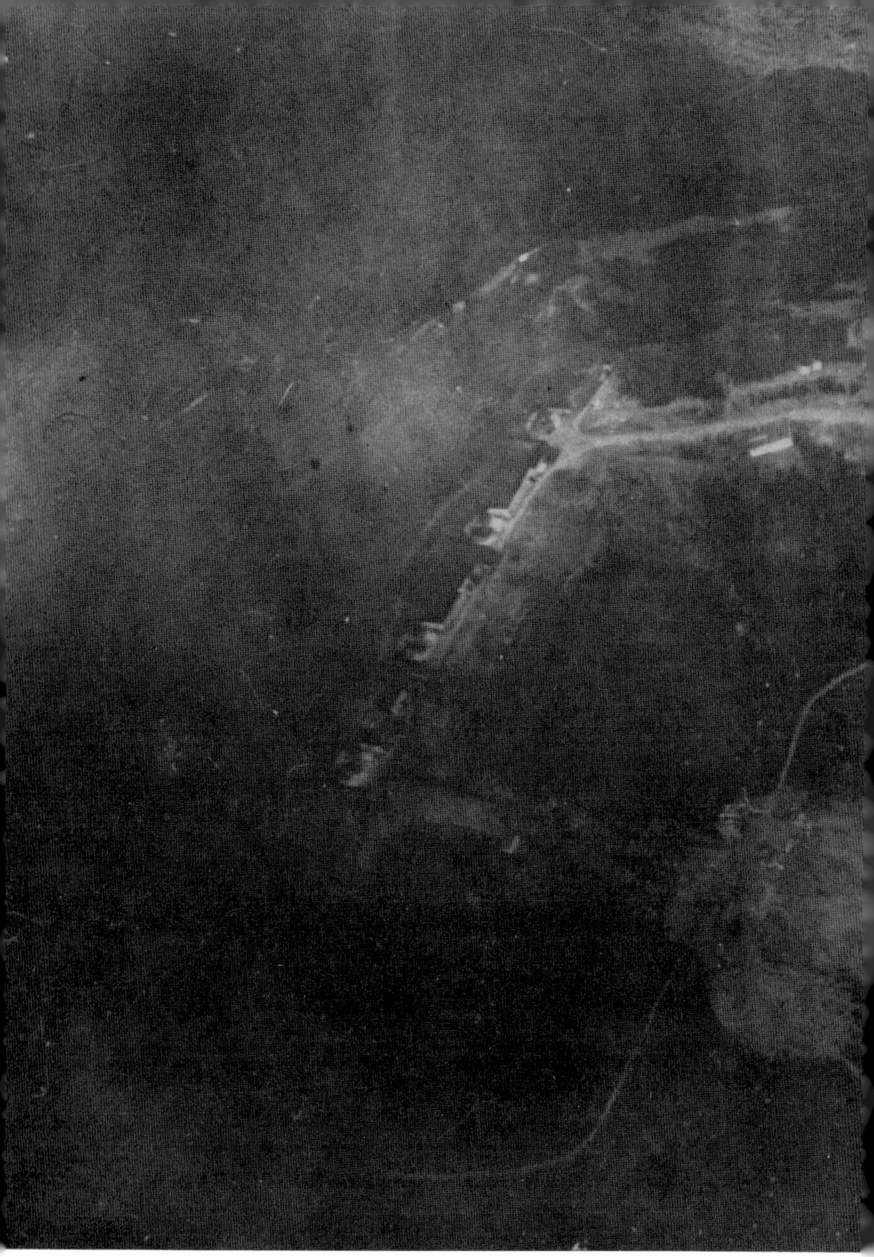

Flugaufnahme der ital. Batterien am Col Rosson

Für den geübten Bergsteiger ist dieser Weg zwar sicherlich gangbar, er wird jedoch im momentanen Zustand wenig Freude machen. Auf jeden Fall sollte man bei einer Begehung die Sicherungsseile auf ihre Haltbarkeit überprüfen und, vor allem wenn der Weg stärker frequentiert ist, permanent mit Steinschlag rechnen.

18I Wildkarleck (2533 m) und Roßkarspitze (2511 m)

Beide Gipfel sind verhältnismäßig wenig besuchte, jedoch aussichtsreiche Berge, die im Ersten Weltkrieg zu starken Infanterie- und Artilleriestützpunkten ausgebaut waren. Sie sind auf den aus dieser Zeit stammenden Verbindungswegen unschwer zu erreichen, allerdings muß man bei schlechter Sicht aufpassen, daß man die Orientierung nicht verliert. Bei Nässe sollte man auch die mit Gras bewachsenen Flanken meiden, weil dann eine nicht unerhebliche Absturzgefahr besteht. Der Steig über den Verbindungsgrat zwischen Wildkarleck und Roßkarspitze ist nur Geübten bei guten Verhältnissen anzuraten; der Weg ist teilweise verschüttet, und man benötigt ein gutes Auge, um jeweils die Fortsetzung zu finden. Der einfachere Weg führt etwas tiefer durch die Südhänge.

Vor allem auf dem Gipfel der Roßkarspitze sind die ehemaligen Stellungen noch recht gut erhalten; man kann sich hier ein sehr gutes Bild von den österreichischen Angriffen im Juni 1915 machen.

Zur Roßkarspitze führte im Krieg eine Seilbahn mit 2800 m Länge, die 800 m Höhenunterschied überwand und die Versorgungsgüter aus dem Val Melin und durch das Val Forame in die Höhenstellungen brachte.

Auch für die Versorgung des Wildkarlecks war eine Seilbahn geplant. Als die österreichischen Truppen Ende 1917 vorrücken konnten, fanden sie in der Nähe der Casera Pian della Mola die Baustelle und vermerkten: „Nr. 47, im Bau, nur Stationsgebäude vorhanden, einige Buschen Zugseil vorhanden."

19I Porze (2599 m)

Nachdem die österreichische Besatzung unter dem Kadetten Koch den Gipfel Mitte Juni 1915 hatte räumen müssen, richteten sich die italienischen Truppen hier dauerhaft ein. Die beherrschende Lage des Gipfels bot sich für die Einrichtung eines Artilleriebeobachterpostens geradezu an. Unmittelbar am Gipfel wurde deshalb eine kavernierte Beobachterstellung ausgesprengt, die heute noch sehr gut erhalten ist und vor allem deutlich macht, wie einfach von hier die Feuerleitung in die Ortschaft Obertilliach sein mußte.

Bereits im Oktober 1915 standen im Gipfelbereich auch Gebirgsgeschütze, die später dann ebenfalls kavernierte Stellungen am nach Westen ziehenden Grat erhielten. Die Versorgung der Porzestellung erfolgte über eine Seilbahn, die vom Almboden ostwärts der Casera Melin aus bei einer Länge von 1900 m 600 Höhenmeter überwand.

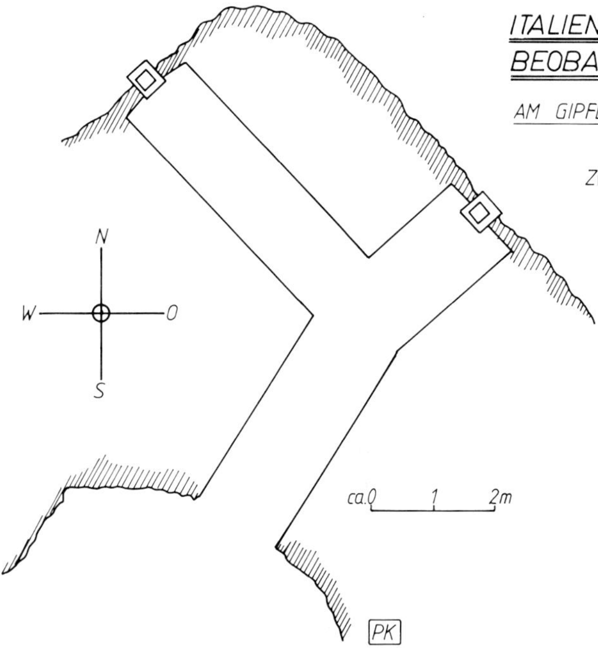

ITALIENISCHER ARTILLERI BEOBACHTERPOSTEN

AM GIPFEL DER PORZE (2599 m)

Zweck: – Überwachung der ös reichischen Stellunge Heretriegel und im tilliacher Tal.

– Feuerleitung bei Besc der Ortschaft Ober- tilliach

ITALIENISCHE SEILBAHNEN IM RAUM KREUZBERG–WESTL. KARNISCHE ALPEN (STAND: OKT. 1917)

BEZEICHNUNG	LÄNGE	HÖHE	TRAGSEIL ø	ZUGSEIL ø	ANTRIEB	STÜTZEN
Katzegrand	400 m	100 m	12 mm	7 mm	Hand	1 (Holz)
Cima dei Collesei	900 m	550 m	15,5 mm	9 mm	Motor	3 (Eisen)
Col Quaternà	2060 m	?	18 mm	10 mm	Motor	?
Col Rosson I	1000 m	250 m	18 mm	9 mm	Motor	5 (Eisen)
Col Rosson II	1500 m	700 m	18 mm	9 mm	Motor	3 (Eisen)
Porze	1900 m	600 m	15,5 mm	9 mm	Motor	2(Eisen/Hol
Roßkarspitze	2800 m	800 m	20,5 mm	11 mm	Motor	? (Holz)
Casera Pian Formaggio	Im Bau					

Tourenvorschläge

Allgemeines

Für das Gebiet des Kreuzbergpasses und die westlichen Karnischen Alpen bietet sich eine ganze Reihe von Ausgangspunkten an. Entsprechend groß ist auch das Angebot an Tourenmöglichkeiten.
Als Stützpunkte stehen folgende Hütten zur Verfügung:

LECKFELDALM
Privathütte (1900 m)
Anschrift: A. Rainer, Arnbach 48
A-9920 Sillian, Tel. (04842) 6770
8 Betten
Geöffnet: Juli bis September

SILLIANER HÜTTE
ÖAV-Sektion Sillian (2450 m)
Anschrift: A-9920 Arnbach 28
Tel. (04842) 6770
14 Betten, 36 Lager
Geöffnet: 29. Juni bis 30. September

HAHNSPIELHÜTTE
Privathütte (2150 m)
Anschrift: Hans und Gemma Lanzinger
I-39030 Sexten, Schmieden Nr. 14
12 Betten
Geöffnet: ganzjährig

OBSTANSER-SEE-HÜTTE
ÖAV-Sektion Austria (2304 m)
Anschrift: E. Hernegger
A-9941 Kartitsch 89
Tel. (04848) 5218
32 Lager
Geöffnet: Ende Juni bis Ende September

FILMOORSTANDSCHÜTZENHÜTTE
ÖAV-Sektion Austria (2406 m)
Anschrift: A-9941 Kartitsch
9 Lager
Geöffnet: Anfang Juli bis Mitte September

NEUE PORZEHÜTTE
ÖAV-Sektion Austria (1932 m)
Anschrift: A-9942 Obertilliach
Tel. (04847) 5220
30 Lager
Geöffnet: Mitte Juni bis Ende September

An den Zustiegen zum Karnischen Kamm stehen außerdem einige Gasthäuser und Jausenstationen, die jedoch großteils keine Übernachtungsmöglichkeiten aufweisen; diese Gasthäuser sind in den einschlägigen Karten aufgeführt.
Die bei den Tourenvorschlägen angegebenen Gehzeiten weisen so große Toleranzen auf, weil die Verweildauer des einzelnen Wanderers bei den Objekten stark differiert. Wer großes Interesse an den historischen Gegebenheiten verspürt, sollte entsprechend mehr Zeit für die Tour einplanen. Wichtig ist immer, daß man auf eine gewisse „Zeitreserve“ zurückgreifen kann und nicht infolge unerwarteter Ereignisse in die Dunkelheit gerät.

Ausgangspunkt Sexten

Tour 1: Innergsell — Werk Haideck — Sexten

Von Sexten, Ortsmitte, in südwestlicher Richtung in das Gselltal. Hier gabelt sich der Weg, und man wendet sich nach links (ostwärts, Wegnummer 12 c), bis man die Stelle erreicht, wo der Weg mit der Nummer 12 westlich abbiegt und steil, zuletzt über die Innergsellwiesen, zum Gipfel des Innergsell (2065 m) (1) führt.
Abstieg ostwärts, bis man wieder auf den Weg Nr. 12 trifft, und über diesen ins Fischleintal, wo sich der Steig mit dem Dolomitenhöhenweg Nr. 5 (gleichzeitig „Waldweg Fischleintal“) kreuzt. Über diesen links (nördlich) an der Ruine des Sperrforts Haideck (2) vorbei zurück nach Sexten.
Hinweis: Im Anstieg zum Innergsell gibt es mehrere Wege, die mit 12, 12 c oder 12 d bezeichnet sind und letztlich alle, wenn man die grobe Richtung einhält, zum Gipfel führen.
Zeitbedarf: 4 bis 5 Std.
Schwierigkeitsgrad: unschwierig.
Ausrüstung: Bergwanderausrüstung.

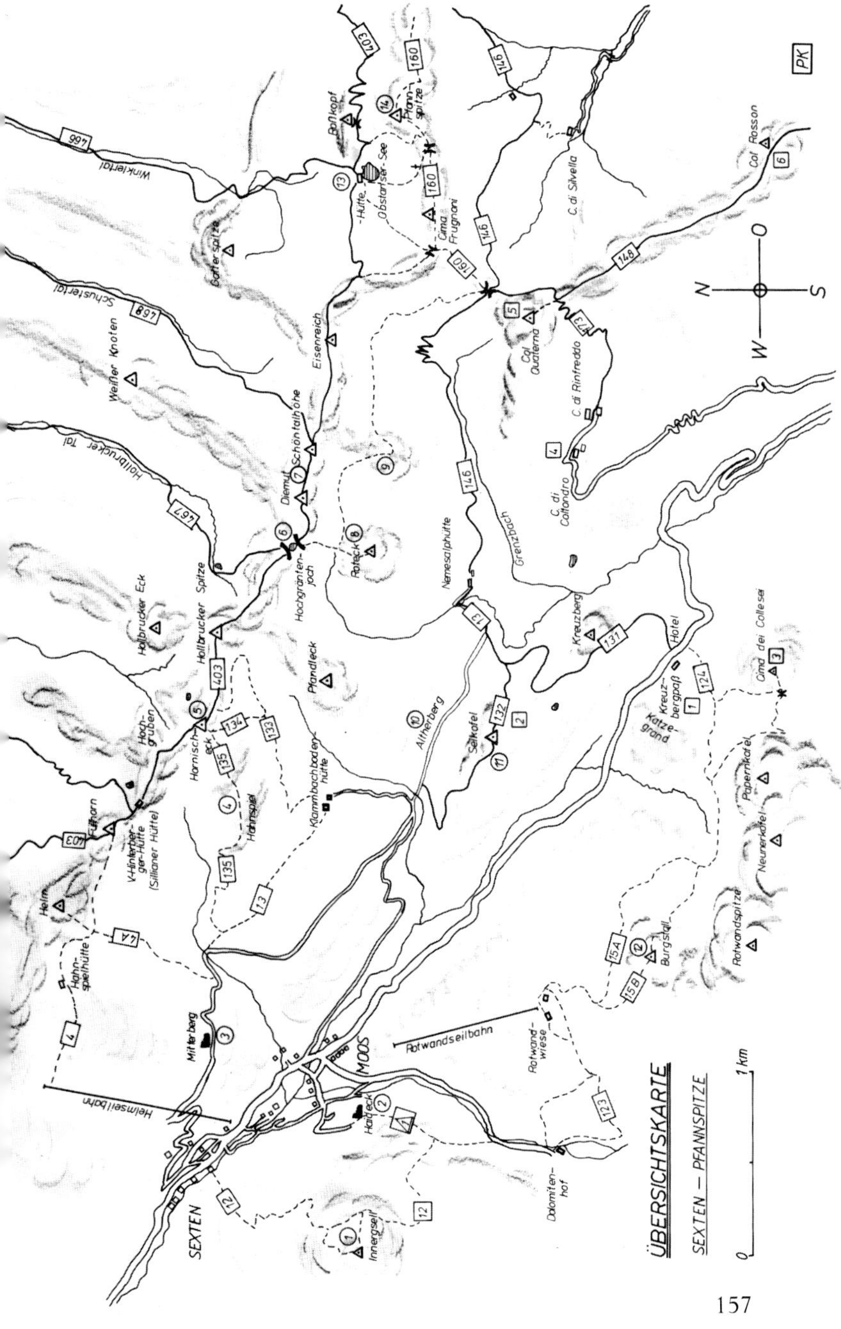

ÜBERSICHTSKARTE

SEXTEN — PFANNSPITZE

Tour 2: Rotwandwiesen — Schellaboden — Katzegrand — Sexten

Von Bad Moos mit der Seilbahn zur Rotwandwiese, von dort in südlicher Richtung ansteigend über den Weg 15 a bis Höhe 2000 Meter. Hier gabelt sich der Weg, entweder weiter auf 15 a zum Schellaboden oder über 15 b zum Burgstall (12) und südostwärts absteigend wieder auf den Weg 15 a. Verfolgt man diesen Weg weiter, so gelangt man in das zerrissene und wilde Katzegrand I1I. Von hier ist es nicht mehr weit hinunter zur Bushaltestelle am Kreuzbergpaß.
Zeitbedarf: 3 bis 5 Std.
Schwierigkeitsgrad: unschwierig.
Ausrüstung: Bergwanderausrüstung.

Tour 3: Helm — Sillianer Hütte — Hornischeck — Mitterberg — Sexten

Von Sexten mit der Seilbahn zum Helmrestaurant und auf dem Weg Nr. 4 südostwärts an der Hahnspielhütte vorbei bis zum Grat, der vom Gipfel des Helms nach Süden herunterzieht und wo man auf den Weg Nr. 4 a trifft. Nun entweder über diesen zum Gipfel oder der Nr. 4 folgend zur Sillianer Hütte. Hier bieten sich wieder zwei Wege an: entweder über den Grat zur Hochgrubenspitze (2537 m) oder im Südhang weiter auf dem Karnischen Höhenweg 403 in den Obermahdsattel (2470 m), hinter dem sich das Hornischeck (2550 m) erhebt. Dieser Gipfel kann unschwer erstiegen werden. Abstieg auf dem Weg Nr. 135 über den Südgrat des Hornischecks, den man auch aus dem Obermahdsattel leicht erreicht. Man hält sich nun auf dem Rücken leicht südwestlich und kommt an den ehemaligen Stellungen auf Tonrast und Hahnspiel (4) vorbei. Immer mehr westlich in Richtung auf das Kampenbachtal (Nr. 135, schlecht markiert) kommt man wieder in die Waldzone. Der aufmerksame Beobachter wird dabei unmittelbar am Weg die Motorverankerung der Mittelstation der ehemaligen Seilbahn von Mitterberg auf Tonrast entdecken. Bald trifft der Weg auf die breite Forststraße, die, am „Negerdörfl" vorbei, schließlich zum ehemaligen Sperrfort Mitterberg (3) hinabzieht. Von dort auf der Straße oder über die steile Abkürzung (am „Panorama" links hinab) zurück nach Sexten.
Zeitbedarf: je nach Gipfelbesteigungen 5 bis 9 Std.
Schwierigkeitsgrad: unschwierig.
Ausrüstung: Bergwanderausrüstung.

Blick von Eisenreich durch das Karbachtal gegen Alpe Nemes. Links Cresta del Vallorera, rechts hinten Roteck. Im Hintergrund die Sextner Dolomiten

Ausgangspunkt Kreuzbergpaß

Tour 4: Seikofel — Altherberg — Sexten

Von Sexten mit Bus oder Pkw zum Parkplatz vor dem Hotel auf der Paßhöhe. Nun über die Staatsstraße auf den Forstweg (Wegnummer 131). Man sollte jetzt genau auf die Markierung achten, denn es gibt in diesem Gebiet sehr viele Forststraßen und Verbindungswege der Italiener aus dem Krieg und der Zeit danach. Teilweise benützt der Weg die ehemaligen italienischen Gräben, die zu den Stellungen am Seikofel führten. Nach rund einer Stunde Gehzeit gelangt man zum Hochmoos (1802 m), wo der Weg sich gabelt. Wir halten uns links (westlich) und kommen nun auf dem Weg Nr. 132 unmittelbar in das heißumkämpfte Gebiet der ehemaligen italienischen und österreichischen Stellungen am Seikofel. Der Zahn der Zeit hat hier schon seine Spuren hinterlassen, durch den dichten Latschenbewuchs kann man italienische und österreichische Gräben kaum auseinanderhalten. Der beste Eindruck von den ehemaligen Kampfanlagen ist am kahlgeschossenen Gipfel des Seikofels (1908 m) (11) I2I zu gewinnen.

Der Abstieg erfolgt über den breiten Rücken in nordwestlicher Richtung (Weg 132), zuletzt auf der Forststraße stößt man im Bereich der Altherberg (10) auf die Straße zur Nemesalpe, auf der man in westlicher Richtung absteigend bequem Sexten erreicht.
Hinweis: Die teilweise angebrachten gelben Zeichen am Weg sind Forstmarkierungen.
Zeitbedarf: 4 bis 6 Std.
Schwierigkeitsgrad: unschwierig.
Ausrüstung: Bergwanderausrüstung.

Tour 5: Cima dei Collesei — Kreuzbergpaß

Vom Parkplatz am Hotel auf dem Weg Nr. 124 entlang der Lifttrasse hinauf in die zerrissene Landschaft des Katzegrand I1I. Hier ist fast jeder Hügel zu einer Festung ausgebaut. Diese Sperranlagen stammen zum Großteil aus der Zeit nach dem Ersten Weltkrieg, sie wurden unter Mussolini errichtet und sind auch heute noch intakt. Malerisch liegt hier oben der Bärensee (1769 m). Weiter auf Weg 124 zu einer Alm und in wenigen Minuten zum weit ausladenden Gipfel der Cima dei Collesei (1972 m) I3I. Abstieg auf dem gleichen Weg. Schöne Nachmittagstour.
Zeitbedarf: 2 bis 4 Std.
Schwierigkeitsgrad: unschwierig.
Ausrüstung: Bergwanderausrüstung.

Ausgangspunkt Casera Coltrondo

Die Casera Coltrondo erreicht man, indem man auf der Kreuzbergstraße in Richtung Padola hinunterfährt, bis in Höhe 1330 Meter eine Straße nach links (Osten) abzweigt, die, zuerst geteert, später immer schlechter werdend, zum Parkplatz an der Casera Coltrondo führt.

Tour 6: Casera di Rinfreddo — Col Quaterná — Casera Coltrondo

Von der Casera Coltrondo I4I auf der Schotterstraße in wenigen Minuten zur Casera di Rinfreddo I4I und weiter über den nun für Kraftfahrzeuge gesperrten Weg (Nr. 149 AC), bis in Höhe 2053 Meter der Weg Nr. 173 nach links (Norden) abzweigt und in Kehren zum Col Quaterná (2503 m) I5I hinaufführt. Wer noch zwei Stunden Zeit übrig hat, kann auf dem sanften Höhenrücken in südlicher Richtung den Col Rosson (2305 m) I6I mit den ehemaligen italienischen Artilleriestellungen besuchen.

Vom Gipfel des Knieberges (Col Quaterná) aus überblickt man das Digon-Tal und den Westlichen Karnischen Kamm.

Abstieg vom Col Quaterná entweder auf dem Aufstiegsweg oder (nur für Orientierungs- und Trittsichere!) über den vom Gipfel nach Westen hinabziehenden Grat („I Fornatti"), teilweise weglos den ehemaligen italienischen Stellungen folgend zum verfallenen italienischen Sperrfort (2058 m). Nun über Steigspuren und alte Kriegswege wieder hinunter zur Casera Coltrondo.

Zeitbedarf: Mit Col Rosson: 6 bis 8 Std.
Ohne Col Rosson: 4 bis 6 Std.
Schwierigkeitsgrad: unschwierig, Abstieg über Col Quaterná. Westgrat verlangt gute Trittsicherheit und gute Orientierung.
Ausrüstung: Bergwanderausrüstung.

Ausgangspunkt Obstanser-See-Hütte

Tour 7: Zugang zur Obstanser-See-Hütte

Die Obstanser-See-Hütte erreicht man am einfachsten von Kartitsch durch das Winklertal: Auf der Forststraße (Weg Nr. 466) in das Winklertal (bis Schranke mit Kfz) und weiter bis zum Talschluß, wo im

Ersten Weltkrieg die Talstation der Seilbahn stand (Fundamente westlich des Weges). Nun steil über den ehemaligen Versorgungsweg hinauf zum sogenannten „Obstanser Riegel", wo ganz in der Nähe der Prinz-Heinrich-Kapelle die Stelle zu finden ist, wo im Krieg die Bergstation der Seilbahn „Obstans—Felsriegel" lag. Hier spielte sich auch das Lawinenunglück am 13. Dezember 1916 ab.
Weiter geht es über den Obstanser Boden und über die letzte Steilstufe zur Obstanser-See-Hütte (2304 m) (13).
Zeitbedarf: 3—4 Std.
Schwierigkeitsgrad: unschwierig
Ausrüstung: Bergwanderausrüstung

Tour 8: Eisenreich — Diemut — Roteck — Äußere Sarre — Kniebergsattel — Frugnonisattel — Obstanser-See-Hütte

Man verläßt die Obstanser-See-Hütte auf dem Karnischen Höhenweg Nr. 403 in westlicher Richtung und erreicht bald den Kamm, den man weiter verfolgt. Nach der Überschreitung von Eisenreich (2665 m) und Diemut (2591 m) (7) gelangt man nach ungefähr 2—3 Std. zum Hochgräntenjoch (2429 m) (6). Nun weiter ohne Bezeichnung auf einem breiten, gut erkennbaren Kriegsweg in südlicher Richtung zum

Ansicht des Westlichen Karnischen Kammes von Nordost. Von links beginnend die Porze, Roßkarspitze, Wildkarleck, Filmoorhöhe und das Massiv der Königswand; im Vordergrund das Obertilliacher Tal, im Hintergrund die Gipfel der Sextner Dolomiten

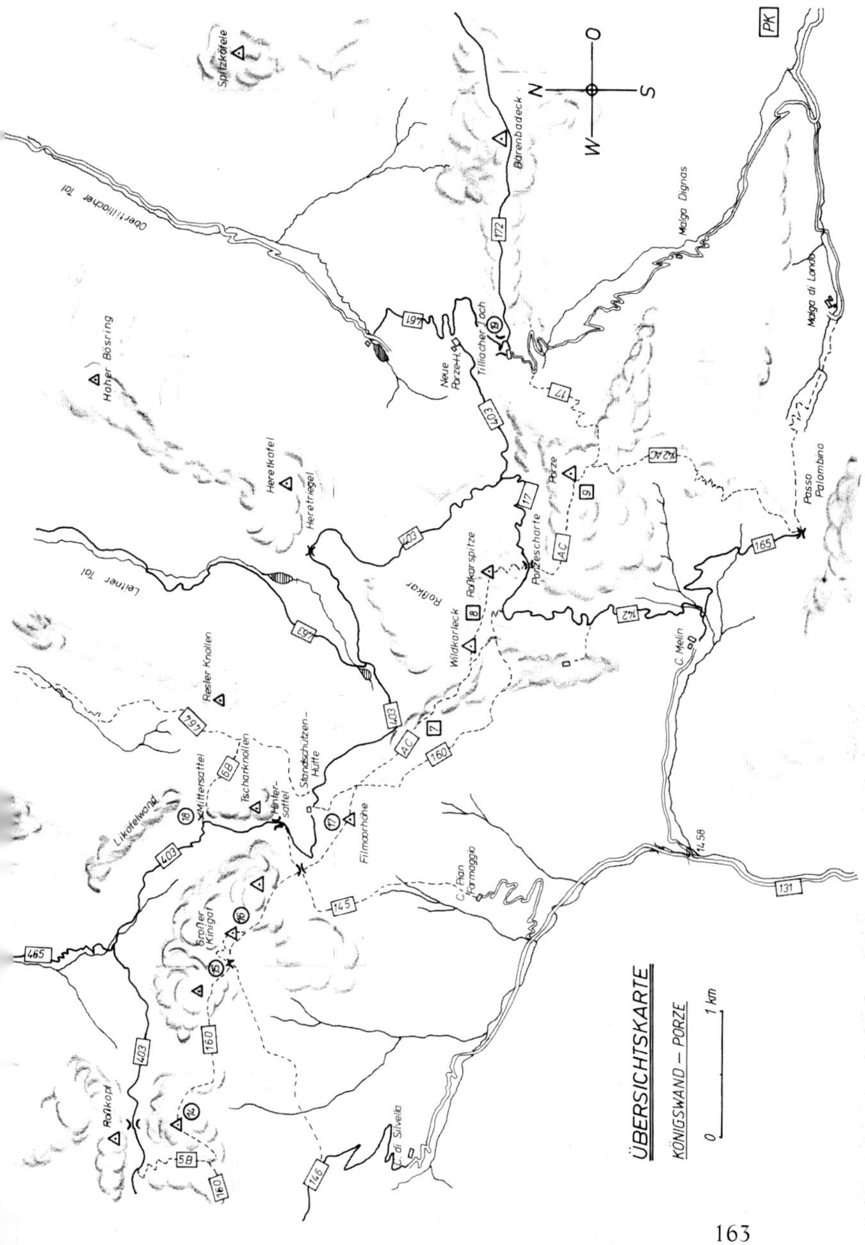
ÜBERSICHTSKARTE
KÖNIGSWAND – PORZE
0
1 km
N
O
S
W
PK
Spitzköfele
Bärenbadeck
Obertilliacher Tal
Malga Dignas
Malga di Lando
Passo Palombino
Hoher Bösring
Heretkofel
Heretriegel
Leitner Tal
Neue Porze-H.
Tilliacher Joch
Porze
Porzescharte
Roßkarspitze
Roßkar
Wildkarleck
Resler Knollen
Standschützen-Hütte
Mittersattel
Tscharknollen
Hintersattel
Likofelwand
Filmoorhöhe
C. Pian Formaggio
C. Melin
Großer Kinigat
Roßkopf
C. di Silvella
403
465
160
5B
146
145
131
165
142
17
172
AC
6B

sogenannten „China-Sattel“ (8) und leicht ansteigend dahinter zur sandigen Kuppe des Rotecks (2390 m) (8).
Zurück zum „China-Sattel“ und auf dem alten Verbindungsweg ostwärts über die Nemesalm zur „Äußeren Sarre“ (2361 m) (9). Vom Hochgräntensattel bis hierher 1.30 bis 2 Std.
Der Weiterweg führt nun meist auf gleicher Höhe durch die sogenannte „Dechantmahd“, eine weitläufige Hochalm, um schließlich nach einer guten Stunde auf dem Kniebergsattel (Passo Silvella, 2329 m) zu enden.
Wer noch Zeit hat, kann von hier leicht den Col Quaterná (2503 m) I5I ersteigen. Weg Nr. 148, Aufstieg 1 Std., Abstieg 30 Minuten.
Um vom Kniebergsattel wieder zur Obstanser-See-Hütte zu kommen, muß der Frugnonisattel (2540 m) überschritten werden, was auf dem bequemen Weg Nr. 160 geschieht. Am Frugnonisattel Unterstellmöglichkeit bei Unwetter in der Finanzierikaserne. Vom Sattel in nördlicher Richtung auf gut erkennbarem Steig zur Obstanser-See-Hütte (vom Kniebergsattel 1—1.30 Std.).

Zeitbedarf: 7—9 Std.
Schwierigkeitsgrad: unschwierig, jedoch gute Orientierung notwendig!
Ausrüstung: Bergwanderausrüstung, zusätzliches Getränk.

Tour 9: Obstanser Sattel — Pfannspitze — Obstanser-See-Hütte

Von der Obstanser-See-Hütte auf dem Weg Nr. 5 A am See vorbei zum kleinen Soldatenfriedhof und weiter zum Obstanser Sattel (2463 m). Der Weg (Nr. 160 oder ohne Markierung im alten Stellungsverlauf) leitet nun über den Grat hinauf zur Pfannspitze (2678 m) (14). Abstieg zurück bis auf den kleinen Boden (ca. 2570 m) und rechts (nördlich) haltend dem Weg Nr. 5 B folgend hinab zur Obstanser-See-Hütte.
Zeitbedarf: 3—4 Std.
Schwierigkeitsgrad: unschwierig, wenn weglos gegangen wird, gut orientieren!
Ausrüstung: Bergwanderausrüstung

Ausgangspunkt Standschützenhütte

Tour 10: Zugang zur Standschützenhütte

Der Zustieg zur Standschützenhütte ist durch drei Täler möglich: Erschbaumer Tal, Schöntal und Leitner Tal. Der wohl geschichtlich

interessanteste führt von Rauchenbach (zwei km ostwärts Kartitsch, Bushaltestelle) über den Weg 465 durch das Erschbaumer Tal. Hier verlief die Versorgungslinie für die Stellungen auf Filmoor und an der Kinigat; wo heute die Schotterstraße endet, befand sich damals die Talstation der Seilbahn Nr. 60 „Tscharrknollen".
Nun geht es hinauf zur Tscharrhütte (1935 m), wo unser Steig auf den Karnischen Höhenweg 403 trifft. Dieser zieht unter den Steilabstürzen von Kinigat und Königswand hinauf bis auf den Hintersattel (2406 m), wo im Schutz des unteren Königswandgrats die Bergstation der Seilbahn und eine Küche ihren Platz hatten.
Zuvor jedoch gibt es die Möglichkeit, einen Abstecher nach links (ostwärts) hinauf zum Mittersattel (2329 m) (18) zu machen, wo im Krieg das „Artilleriekommando Filmoor" in Stellung lag (Weg Nr. 6 B, von hier dann zum Weg 464 aus dem Schöntal und südlich haltend zur Standschützenhütte).
Vom Hintersattel in wenigen Minuten am Filmoorsattel vorbei zur Standschützenhütte hinab.

Zeitbedarf: 4—5 Std.
Schwierigkeitsgrad: unschwierig
Ausrüstung: Bergwanderausrüstung

Tour 11: Große Kinigat — Kinigatscharte — Standschützenhütte

Von der Standschützenhütte auf dem Karnischen Höhenweg 403 zum Filmoorsattel (21) und unter den Südabstürzen der Königswand durch Schuttfelder bis zu einem kleinen Boden mit großen Steinblöcken. Von hier rechts hinauf auf das zunächst breite „Südband", das immer schmaler werdend (Drahtseilsicherungen) auf das Kinigat-Plateau (16) führt. Der letzte Aufstieg zum „Europakreuz" macht nicht mehr viel Mühe.
Als Abstieg wählen wir den aus dem Krieg stammenden Steig durch die Westflanke der Großen Kinigat, der, ebenfalls drahtseilgesichert zur Kinigatscharte (auch „Sandiger Boden") (15) hinableitet.

Von hier auf dem Karnischen Höhenweg (403/160) zurück zum Filmoorsattel und zur Standschützenhütte.

Zeitbedarf: 2—4 Std.
Schwierigkeitsgrad: mäßig schwierig, Trittsicherheit und Schwindelfreiheit erforderlich!
Ausrüstung: Bergwanderausrüstung, eventuell Eigensicherung

Tour 12: Filmoorhöhe — Klettersteig „C. d'Ambros" — Wildkarleck — Roßkarspitze — Porzescharte — Heretriegel — Filmoor

Von der Standschützenhütte auf dem Kriegssteig in südlicher Richtung zur Filmoorhöhe (2457 m) (17). Nun entweder dem Grat folgen (schlecht rot markiert, AC) und teilweise schwierig und ausgesetzt über den Filmoorgrat I7I, oder nach Süden absteigen (schlecht markiert, Weg 160) und den Filmoorgrat in den Südhängen umgehen.

Der Klettersteig über den Grat I7I ist wirklich nur geübten Bergsteigern anzuraten; er ist zwar mit Drahtseilen gesichert, diese sind jedoch streckenweise so schlecht angebracht, daß sie mehr behindern als helfen. Außerdem sind manche Teile des Steiges steinschlaggefährdet. Der Klettersteig endet schließlich in der Scharte zwischen Filmoorgrat und Wildkarleck, von wo eine Abstiegsmöglichkeit nach Norden (in das Leitner Tal) gegeben ist. Der Gipfel des Wildkarlecks (2533 m) I8I ist von hier unschwer zu erreichen. Der Weg 160 in der Südflanke ist um vieles leichter zu begehen, allerdings sollte man konzentriert auf die wenigen Wegmarkierungen achten. Ohne viel an Höhe zu verlieren, gelangt man in das von der Porzescharte herabziehende Forametal (Bivacco „A. Piva"), von wo aus Wildkarleck und Roßkarspitze I8I zwar mühsam, aber unschwierig zu erreichen sind: Auf beide Bergspitzen führten im Krieg italienische Versorgungswege, die man auch heute noch findet.

Der Weiterweg (Nr. 17) leitet uns durch die Porzescharte ein Stück nach Norden hinunter in das obere Obertilliacher Tal, bis er auf den Karnischen Höhenweg trifft. Auf diesem bewegen wir uns nun nach links (Westen), müssen noch ein paar Meter aufsteigen und können nun durch das Roßkar den Heretriegel (2170 m) erreichen. Unter uns liegen nun die Stuckenseen, an denen wir südlich vorbei wieder zur Standschützenhütte kommen.

Zeitbedarf:
a) Filmoor — Klettersteig — Wildkarleck — Roßkarspitze — Porzescharte (nur für Geübte!) 4—6 Std.
b) Filmoor-Weg 160 (Südflanke)-Porzescharte 2—3 Std.
c) Porzescharte — Standschützenhütte 2—3 Std.
Schwierigkeitsgrad: Klettersteig mäßig schwierig bis schwierig, Trittsicherheit und Schwindelfreiheit unbedingt notwendig, teilweise Eigensicherung anzuraten!
Weg durch Südflanke: unschwierig
Ausrüstung: Bergwanderausrüstung, am Klettersteig eventuell Eigensicherung!

Ausgangspunkt Neue Porzehütte

Tour 13: Zugang zur Porzehütte

Die Neue Porzehütte ist sehr leicht zu erreichen, da das Obertilliacher Tal, durch das der Weg (Nr. 461) führt, nicht gesperrt ist und man dadurch bis zum Talschluß (Klapfsee ca. 1680 m) mit dem Auto fahren kann. Vom Parkplatz gut beschildert (Nr. 403) in 45 Minuten zur Porzehütte (1932 m).
Zeitbedarf: a) vom Talschluß 45 Minuten
b) von Obertilliach 3 Std.
Schwierigkeitsgrad: unschwierig
Ausrüstung: Bergwanderausrüstung

Tour 14: Tilliacher Joch — Porze — Porzescharte — Neue Porzehütte

Wir verlassen die Porzehütte und wenden uns auf dem Weg 17 A in südlicher Richtung dem Tilliacher Joch (2094 m) (19) zu. Von der Paßhöhe wandern wir die italienische Fahrstraße bis zur ersten Kehre hinunter, wo der Weg 17 A nach Südwesten abzweigt. Auf diesem kommen wir bald bis unter die Nordostwand der Porze, die von einem schrägen Band durchzogen wird. Auf diesem Band und später in Rinnen und Schluchten windet sich der nun etwas anspruchsvollere Steig (Drahtseilsicherungen) zum Grat hinauf, um schließlich auf grünen Almwiesen dem Gipfel (2599 m) I9I zuzustreben.
Als Abstieg wählen wir den im Gratverlauf nach Westen ziehenden Weg (Nr. 17 AC) hinab zur Porzescharte (2363 m).
Nun den Weg Nr. 17 nach Norden hinab, bis wir auf den Karnischen Höhenweg Nr. 403 treffen, auf dem wir wieder zur Porzehütte gelangen.
Zeitbedarf: 5—7 Std.
Schwierigkeitsgrad: Mäßig schwierig, Trittsicherheit und Schwindelfreiheit notwendig, eventuell Eigensicherung!
Ausrüstung: Bergwanderausrüstung, am Klettersteig eventuell Eigensicherung!

Tour 15: Tilliacher Joch — Bärenbadeck — Porzehütte

Wie bei Tour 14 zum Tilliacher Joch (2094 m) (19), anschließend links (ostwärts) auf dem zwar schlecht markierten, jedoch gut gangbaren Weg (Nr. 172) zum Gipfel des Bärenbadecks (2431 m).
Abstieg wie Aufstieg.
Zeitbedarf: 2—3 Std.
Schwierigkeitsgrad: unschwierig, Vorsicht bei Nässe
Ausrüstung: Bergwanderausrüstung

Blick von der Porze über den Karnischen Kamm; links schließt das Digon-Tal mit dem Col Quaterná ab, rechts im Mittelgrund das Pustertal

Ausgangspunkt Valle Visdende

Das Valle Visdende erreicht man leicht über die gut ausgebaute Straße, die auf halber Strecke zwischen Campolongo und Sappada nach Norden abbiegt und durch eine romantische Schlucht zu der in Italien sehr bekannten Hochebene führt. Beste Zeit für einen Besuch des Valle Visdende ist der Herbst.

Tour 16: Malga Londo — Passo Palombino — Porze — Malga Dignas — Valle Visdende

Vom Valle Visdende mit Kfz in nördlicher Richtung in das Val di Londo, bis sich die Straße bei einer Brücke gabelt (1436 m, Parkplatz).
Von hier zu Fuß der Schotterstraße (Weg Nr. 167) nach, an der Malga Londo (1643 m) vorbei, schließlich nach ca. 2 Std. zum Passo Palombino (2035 m).
Nun nördlich haltend auf dem begrünten Rücken (Weg Nr. 142) zum Gipfel der Porze (2599 m) I9I.

Der Abstieg erfolgt am besten über den versicherten Steig (Nr. 17) durch die Nordostwand der Porze (siehe auch Tour 14) (19), auf dem wir zum italienischen Fahrweg auf das Tilliacher Joch gelangen. Bequem geht es nun hinunter zur Malga Dignas (einfach bewirtschaftet) und weiter der Straße nach unmittelbar zum Parkplatz zurück.
Zeitbedarf: 6—8 Std.
Schwierigkeitsgrad: Mäßig schwierig bis schwierig (Abstieg), Trittsicherheit und Schwindelfreiheit notwendig, eventuell Eigensicherung!
Ausrüstung: Bergwanderausrüstung, eventuell Eigensicherung

Ausgangspunkt Digon-Tal

Das Digon-Tal erreicht man mit dem Kfz, indem man auf der Straße von Casamazzagno in Richtung Campitello fährt, bis in Sega Digon die Hauptstraße scharf rechts abbiegt. Hier hält man sich geradeaus und befindet sich nun schon im Digon-Tal. Nach ca. 1,5 km kommt man zu einer Kapelle (1220 m), die an die in diesem Gebiet gefallenen Soldaten erinnert.
Von hier nun links (nördlich) haltend ungefähr 3,5 km ins Tal hinein gelangt man zu einer Straßengabelung (Brücke 1458 m, Parkplatz)

Tour 17: Filmoorhöhe — Klettersteig „C. d'Abros" — Wildkarleck — Roßkarspitze — Casera Melin — Digon-Tal

Ausgehend vom Parkplatz an der Brücke (1458 m) folgen wir der Straße (Weg Nr. 131) durch das Digon-Tal, bis wir auf die Abzweigung (1588 m) zur Casera Pian Formaggio stoßen. Auf der Fahrstraße steigen wir zu dieser Alm auf, und gleich dahinter beginnt der Weg Nr. 145, der uns zum Filmoorsattel (2455 m) (17) und zur Standschützenhütte leitet.
Von hier wie bei Tour 12 zur Porzescharte. Als Abstieg wählen wir den Weg Nr. 144, der durch das Forame-Tal zur Casera Melin hinunterführt, wo wir wieder eine bequeme Fahrstraße antreffen. Auf dieser hinunter zum Parkplatz an der Brücke.
Zeitbedarf: 7—9 Std.
Schwierigkeitsgrad: Unschwierig, bei Begehung des Klettersteiges mäßig schwierig bis schwierig, Eigensicherung anzuraten!
Ausrüstung: Bergwanderausrüstung, eventuell Eigensicherung

Anhang

Begriffserklärungen

Alpino: Siehe Kapitel „Die eingesetzten Truppen".
Bataillon: Verband von drei bis fünf Kompanien, oft verstärkt durch eine Maschinengewehrabteilung.
Bersagliere: Siehe Kapitel „Die eingesetzten Truppen".
Blindgänger: Explosivgeschoß, das aufgrund eines Zünderversagens nicht detoniert ist.
Demonstrationsangriff: Angriffsunternehmung, deren Zweck nicht im Geländegewinn, sondern in der Täuschung des Feindes liegt. Aufmerksamkeit und Kräfte des Gegners werden von anderen Frontteilen abgelenkt.
Desarmierung: Entwaffnung, Ausbau fest installierter Waffen aus Sperrbauten.
Eigensicherung: Sicherung am fixen Drahtseil mittels Brustgeschirr (Klettergürtel) und zwei Reepschnurenden mit Karabinern (möglichst unter Verwendung einer „Klettersteigbremse"), ein Karabiner kann immer am Seil „mitlaufen".
Feldbataillon: Dauernd feldmarschmäßig ausgerüsteter und gegliederter Verband des stehenden Heeres.
Flankenanlage: Stellung für flankierend wirkende Waffen. Flankierender Einsatz einer Waffe bedeutet, daß diese von der Seite einen möglichst breiten Raum vor der eigenen Stellung bestreichen kann.
Galerie: In Fels, Eis oder Schnee getriebener Stollen mit Schießscharten für Gewehr, Maschinengewehr oder Geschütze. Oft als Verbindungswege zwischen Stellungen erbaut.
Gebirgskanone: In vier bis sechs Tragtierlasten zerlegbare Geschütze (österreichische Typen: 7-cm-Gebirgskanone M 8, M 9, M 99; italienische Typen: 65 mm A, 70 mm A 75 mm B). Gebirgskanonenbatterie (GbKnBt): 4 Geschütze; Gebirgskanonenzug (GbKnZg): 2 Geschütze; Gebirgskanonenhalbzug (GbKnHZg): 1 Geschütz.
Gebirgshaubitze: Nicht zerlegbare Haubitze mit geringer Gleisweite: Spurbreite 90 cm (österreichische Typen: 10-cm-GbHb M 8, M 10).
Genieabteilung: Heute „Pioniere". Kampfunterstützungstruppe mit Aufgaben wie Beseitigung von Hindernissen, Sprengen von Feldbefestigungen (Bunker, Kavernen) und sonstigen Geländeverstärkungen, Bau von Straßen, Brücken, Lawinenverbauungen, Seilbahnen und Hindernissen.
Grenzabschnitt: Siehe „Subrayon".
Hauptwiderstandslinie: (auch „Hauptstellung" oder „Vordere Linie"). Die Linie, an der ein feindlicher Angriff zum Stehen gebracht werden soll. Meist durch Stellungsbauten (Bunker, Galerien, Kavernen, Deckungs- und Verbindungsgräben) verstärkt und mit Hindernissen (Stacheldraht, Spanische Reiter, Minenfelder) versehen.
Irredentismus: Politische Partei/Bewegung in Italien, welche die Einverleibung der unter Österreich stehenden italienischen Landesteile an Italien anstrebte.
Kaiserjäger: Siehe Kapitel „Die eingesetzten Truppen".
Kaiserschützen: Siehe Kapitel „Die eingesetzten Truppen".
Kampfabschnitt: Siehe „Subrayon".
Kasematte: Bombensicher übermauerter/gedeckter Raum in Festungen.
Kaverne: In den Fels gesprengte künstliche Höhle, dient zur gedeckten Aufstellung von Unterkunftsgebäuden, Munitionsbehältern, Geschützen, Scheinwerfern etc.
Kompanie: (früher auch „Kompagnie") Einheit, bestehend aus drei oder vier Zügen, insgesamt 100 bis 140 Soldaten.

Kote: In der Karte aufgeführter, genau nach der Höhe vermessener Geländepunkt.

Landesschütze: Siehe Kapitel „Die eingesetzten Truppen".

Landsturm: Siehe Kapitel „Die eingesetzten Truppen".

Marschbataillon: Im Hinterland aus den Reservekadern zusammengestellter Ersatzverband, der die Ausbildung der Reservemannschaften vervollständigt und gegebenenfalls die an der Front stehenden Feldbataillone auffüllt. In Notlagen wurden Marschbataillone oft als selbständige Bataillone an der Front eingesetzt.

Maschinengewehr: Automatische Schnellfeuerwaffe, damals mit einer Feuergeschwindigkeit von 200 bis 300 Schuß/Minute. Ermöglicht konzentrierte infanteristische Feuerentwicklung auf schmalem Raum.

Patrouille: (oft auch „Patrulle") Kleine Kampfgemeinschaft (selten mehr als zehn Mann), meist unter Führung eines Offiziers oder erfahrenen Feldwebels. Kann verschiedene Aufträge erhalten: Aufklärung, Artilleriefeuerleitung, Kampfauftrag, Sicherungsaufgaben in Flanken, Überwachung toter Räume.

Reduit: Im ursprünglichen Sinn: bombensichere Verteidigungsanlage im Kern einer Festung.

Retablierung: Erholungsphase nach Fronteinsatz im Etappenbereich, ca. 10 bis 15 km hinter der Front.

Revolverkanone: Marinegeschütz, das 1886 als „47-mm-Mitrailleuse" (System Hotchkiss) in der österreichischen Marine eingeführt und wegen seiner fünf drehbaren Läufe im Soldatenjargon „Revolverkanone" genannt wurde. Nur wenige aus den Küstenbatteriestellungen ausgebaute Geschütze dieser Art kamen an der Dolomitenfront zum Einsatz.

schanzen: Ausheben von Stellungsgräben.

Schwarm: Kampfgemeinschaft von rund zehn Mann, meist unter Führung eines Unteroffiziers (Heute: „Gruppe").

Standschütze: Siehe Kapitel „Die eingesetzten Truppen".

Subrayon: Die Tiroler Front war in die Subrayone I bis V, diese wiederum in insgesamt zehn Grenzabschnitte gegliedert. Die Grenzabschnitte waren unterteilt in Grenzunterabschnitte und diese in Kampfabschnitte. Selbständige Teile von Kampfabschnitten wurden „Kampfgruppen" genannt.

Telegraphenapparat: Dieses Gerät wurde von Signalabteilungen verwendet; es bestand aus einer leistungsfähigen Lichtquelle, die mit einer Blinkkappe versehen war (Blinkscheinwerfer). Nachrichten wurden in Form von Morsezeichen oder speziellen Lichtsignalen übermittelt.

Trachom: Überaus ansteckende Augenkrankheit, siehe Kapitel „Die eingesetzten Truppen — TRACHOM-EINHEITEN".

Überhöhung: Einsatzgrundsatz für schwere Waffen. Die Waffe wird so eingesetzt, daß sie aus möglichst hoher Stellung flankierend vor die eigene Truppe wirken kann. Für die Artillerie ist der überhöhte Einsatz des Beobachters entscheidend.

Vedette: Vorgeschobene Alarmstellung einer Feldwache.

Zug: Teileinheit einer Kompanie. Drei oder vier Züge zu je drei Schwärmen (Gruppen) ergeben eine Kompanie.

Abkürzungen

Zu den hier verwendeten Abkürzungen ist zu bemerken, daß sie sich, soweit möglich, an die historisch gegebenen Vorgaben halten. Allerdings sind bereits während des Krieges unterschiedliche Schreibweisen aufgekommen, teilweise durch Änderung der Vorschriften, teilweise durch Fehler.

Abkürzungen österreichischer Einheiten und Verbände:

X./IR 59	X. Marschbataillon des Infanterieregiments Nr. 59 „Erzherzog Rainer"
2./X./59	2. Kompanie des X. Marschbataillons des Infanterieregiments Nr. 59
X./LSch III	X. Marschbataillon des Landesschützenregiments Innichen Nr. III
X./1. TKJ	X. Marschbataillon des 1. Tiroler Kaiserjägerregiments
III./IR 29	III. Reservebataillon des Infanterieregiments Nr. 29
StSchB	Standschützenbataillon
StSchKp	Standschützenkompanie
StSchKp Les	Standschützenkompanie Lesachtal
LstB	Landsturmbataillon
M.A.A.	Militärarbeiterabteilung
Mg-Abt	Maschinengewehrabteilung
Lst.Ziv.A.A.	Landsturm-Zivilarbeiterabteilung
Kgf.A.A.	Kriegsgefangenenarbeiterabteilung
Pi-Abt	Pionierabteilung

Abkürzungen deutscher Einheiten und Verbände:

AK	Alpenkorps
ILR	Königlich Bayerisches Infanterie-Leibregiment
10. ILR	10. Kompanie des Königlich Bayerischen Infanterie-Leibregiments

Abkürzungen italienischer Einheiten und Verbände:

AlpKp	Alpinikompanie
AlpBtl	Alpinibataillon
MgSekt	Maschinengewehrsektion
V.Btl/8. BersR	V. Bataillon des 8. Bersaglieriregiments
IR	Infanterieregiment
16.FinBtl	16. Finanzieribataillon

Sonstiges:

GUA	Grenzunterabschnitt
KA	Kampfabschnitt
Bosn	Bosniaken
Res	Reserve
Verst	Verstärkung
Kdt	Kadett
Hptm	Hauptmann

Toponomastische Bezeichnungen mit den entsprechenden italienischen Übereinstimmungen

Bärenbadeck	Croda Nera
Burgstall	Castelliere
China-Sattel	Seletta Cina
Dechantsmahd	Pale del Decano
Diemut	Mutta di Sesto
Eisenreich	Montagna del Ferro
Filmoorhöhe	Pitturina
Filmoorsattel	Forcella Cavallino
Grenzbach	Rio di Confine
Hahnspiel	Monte Gallo
Helm	Monte Elmo
Hochmoos	Palú Alta
Hollbruckerspitz	Cima Pontegrotta
Hornischeck	Monte Arnese
Innergsell	Monte Sesto di Dentro
Kinigat (Große)	Cavallino
Kinigat (Kleine)	Cavallatto
Klammbach	Rio della Gola
Knieberg	Col Quaterná
Kniebergsattel	Passo Silvella
Königswand	Monte Cavallino
Kreuzbergpaß	Passo di Montecroce Comelico
Obstanser Sattel	Forcella Pala degli Orti
Pfannspitze	Cima Vanscuro
Porze	Palombino
Porzescharte	Passo di Cima Vallona
Pullbach	Rio Pulla
Reiterkarspitze	Monte Cécido
Roßkarspitze	Col dell'Ai
Roteck	Monte Rosso
Schellaboden	Piani di Sella
Schuß	Cima dei Collesei (del Colesei)
Seikofel	Monte Cóvolo di Sesto
Tilliacher Joch	Forcella Dignás
Torkarspitze	Monte Pietra Bianca
Weißbach	Rio Bianco
Wildkarleck	Cima Vallona
Winkler Joch	Forcella Manzón

Quellennachweis

1. Druckwerke

Akademischer Alpenklub Innsbruck
„Klub-Nachrichten" Nr. 53—70

Artl, Gerhard
„Die österreichisch-ungarische Südtiroloffensive 1916"
Österreichischer Bundesverlag, Wien 1983

Berti, Antonio
„Guerra in Cadore"
Edito dal 10. Reggimento Alpini, Roma 1936

Berti, Antonio
„Dolomiti Orientali", Guida dei Monti d'Italia
Club Alpino Italiano/Touring Club Italiano, Milano 1973

Bettiolo, Roberto
„Il Sentiero attrezzato Corrado d'Ambros sulla Pitturina"
Le Alpi Venete 1984

Bossi-Fedrigotti, Anton Graf
„Kaiserjäger — Ruhm und Ende"
Leopold Stocker Verlag, Graz 1977

Butz, Hans
„Die K.B. Gebirgs-Artillerie-Abteilung Nr. 2", Selbstverlag
Bayerisches Kriegsarchiv, München 1921

Castiglioni, Ettore
„Alpi Carniche", Guida dei Monti d'Italia
Club Alpino Italiano/Touring Club Italiano, Milano 1954

Comitato Trentino dell'Istituto per la Storia del Risorgimento Italiano
„La Prima Guerra Mondiale e il Trentino"
Edizione Comprensorio della Vallagarina, Rovereto 1978

Corsini, Umberto
„Il Trentino e l'Alto Adige nel periodo 3. 11. 1918—31. 12. 1922

Denkmalausschuß Kriegerdenkmal Lienz
„Osttirol"
Selbstverlag 1925

„Dolomitenwacht", Kriegsepisoden aus den Kämpfen der k.u.k.
Infanterie-Truppendivision Pustertal an der Tiroler Front 1915—1916,
k.k. Wagnersche Universitäts-Buchdruckerei, Innsbruck 1917

Dultinger, Josef
„Vergessene Vergangenheit“
Verlag Dr. Rudolf Erhard, Rum 1982

Ebner, Dr. Lois
„Kartitsch in Osttirol“
Tauerndruck, Matrei i. O. 1982

Emmer, Johann
„Geschichte des Deutschen und Österreichischen Alpenvereins“
Verlag des DuÖAV, Berlin 1894

Ermacora, Felix
„Südtirol und das Vaterland Österreich“
Amalthea-Verlag, Wien/München 1984

Gatterer, Claus
„Im Kampf gegen Rom“
Europa Verlag, Wien 1968

Haydn, Alois
„Kleiner Führer durch die Sextener Dolomiten“
Bergverlag Rudolf Rother, München 1976

Heindl/Werner
„Klettersteigführer Julische und Steiner Alpen mit Karawanken und Karnischem Hauptkamm“
Bergverlag Rudolf Rother, München 1983

Heuberger, Richard/Universitätsamt Innsbruck
„Die Universität Innsbruck“ (darin „Akademische Legionen...“)
Verlagsanstalt Tyrolia, Innsbruck 1928

Holl, Peter
Alpenvereinsführer „Karnischer Hauptkamm“
Bergverlag Rudolf Rother, München 1978

Holzer, Rudolf
„Sexten“
Verlagsanstalt Athesia, Bozen 1981
„Sexten im Ersten Weltkrieg“, Artikel in „Dolomiten“ vom 24. Oktober 1983
„Als Sexten in Flammen stand“, Artikel in „Dolomiten“ vom 2. September 1985

Huter, Franz
„Ein Kaiserjägerbuch“ — 1. Teil
Selbstverlag Bergisel-Museum, ca. 1981

Kofler, Dr. Heinrich
„Mythos vom ‚Strahlenden Mai‘“
Artikel in „Dolomiten“ vom 25. Mai 1985

Kramer, Dr. Hans
„Die Verhältnisse im Hinterland in Südtirol während der letzten Jahre des Ersten Weltkrieges“

Lipusch, Victor, Feldkurat a. D.
„Die kath. Militärseelsorge im Weltkriege“
Fürstbischöfliches Ordinariat Seckau 1938

Lukas, Hans
„Der Krieg an Kärntens Grenze 1915—1917“
Leykam-Verlag, Graz 1938

Mariotti, Felice
„Operazioni Militari in Ampezzo — Cadore ed Alta Val Cordevole“

Mellitzer, Dr. Rolf
„Vor 70 Jahren begann der Kampf in Fels und Eis“
Artikel in „Dolomiten“ vom 22. Mai 1985

Mörl, Anton von
„Standschützen verteidigen Tirol 1915—1918“
Universitätsverlag Wagner, Innsbruck 1958

Müller, Karl
„An der Kampffront in Südtirol“
Verlag von Velhagen und Klasing, Bielefeld/Leipzig 1916

Oberhauser, Major v. V.
„300 Jahre Alpenländisches Soldatentum“
Gauverlag Tirol-Vorarlberg, Innsbruck 1941

Ortner, Dr. Albert
„Das Museum Mitterberg ob Sexten — neue Ideen und Zielvorstellungen“
Der Schlern, Heft 52/1978

Pichler, Cletus
„Der Krieg in Tirol 1915/16“
Verlag Heinrich Pohlschröder, Innsbruck

Pieri, Piero
„L'Italia nella Prima Guerra Mondiale“
Giulio Einaudi editore, Torino ca. 1971

Pölzleitner, Josef
„Berge wurden Burgen“
Selbstverlag, Zaunrith'sche Buchdruck, Salzburg 1929

Pölzleitner, Josef
„Landsturm im Hochgebirge“
Selbstverlag, Zaunrith'sche Buchdruck, Salzburg 1934

Pradetto, Plinio
„Fiamme Gialle in Cadore“
Rivista della Guardia di Finanza Nr. 3/61

Reich, Albert
„Unser deutsches Alpenkorps in Tirol“
Verlag Josef C. Huber/Diessen vor München, ca. 1929

Reichsbund der Artillerievereinigungen Österreichs
„Ehrenbuch unserer Artillerie“
Selbstverlag, Wien 1935

Renker, Gustav
„Als Bergsteiger gegen Italien“
Verlag Walter Schmidtkunz, München 1918

Reut-Nicolussi, Eduard
„Tirol unterm Beil“
Anastatischer Nachdruck, Athesiabuch GmbH, Bozen 1983

Repaci, Antonino
„Da Sarajevo al ‚maggio radioso'“
Mursia editore, Milano 1985

Rocca, Gianni
„Cadorna“
Arnoldo Mondadori editore, Milano 1985

Scala, Edoardo
„Storia delle Fanterie Italiane“
Tipografia Regionale, Rom 1955

Schaumann, Walther
„Die Bahnen zwischen Ortler und Piave 1915—1918“
Bohmann-Verlag, Wien/Heidelberg 1971

Schaumann, Walther
„Schauplätze des Gebirgskrieges III a“
Verlag Ghedina, Cortina d'Ampezzo 1978

Schemfil, Viktor
„Die Kämpfe am Kreuzberg in Sexten 1915—1917“ (Schlern-Schrift)
Universitätsverlag Wagner, Innsbruck 1957

Seeger, Hauptmann
„Die Württembergische Gebirgsartillerie im Weltkrieg 1915—1918“
Chr. Belsersche Verlagsbuchhandlung, Stuttgart 1920

Springenschmid, Karl
„Land im Leid“
Verlag Albert Langen/Georg Müller, München

Springenschmid, Karl
„Schicksal Südtirol"
Leopold-Stocker-Verlag, Graz 1971

Steurer, Leopold
„Südtirol zwischen Rom und Berlin 1919—1939"
Europaverlag, Wien 1980

Tomasi, Ettore
„Da S. Candido a Tarvisio con la Traversata Carnica"
La rivista del CAI, März/April 1983 und 1985

2. Handschriftliche Aufzeichnungen, Gefechtsschilderungen

Dialer, Gottfried: Kommentierte Fotos
Wolkenstein, Dr. Fortunat von: „Christoph Franz Graf zu Wolkenstein-Rodenegg 1894—1916"
Kriegsarchiv Wien:
Abteilung Neue Feldakten: Feldakten der 56. Gebirgsbrigade, der 49. Infanterietruppendivision (Pustertal), der 21. Gebirgsbrigade, des 11. Armeekorps (Quartiermeister) und der Heeresgruppe Erzherzog Eugen (Quartiermeister)
Kriegsarchiv München:
Abteilung IV: Kriegsakten des Deutschen Alpenkorps, des Bayerischen Infanterieleibregiments und des Bayerischen Jägerregiments 1.
Gemeindearchiv Sexten: Gemeindeakten aus der Zeit zwischen 1885 und 1920
Gefechtsberichte der Kgl. preuß. Fußartl.-Batterie Nr. 102, 1. Halbbatterie

BILDERNACHWEIS

Soweit nichts anderes angegeben wird, stammen die Bilder aus dem DOLOMITEN-KRIEGSARCHIV der Autoren.

Nach Möglichkeit wird auch hier Herkunft bzw. Autor des Bildes angeführt (die Nummern geben die Seitenzahl wieder):

Nachlaß Gottfried Dialer, München: 24, 65, 69, 70, 71, 90
Nachlaß Josef Anton Mayr, Innsbruck: 61, 97
Nachlaß Karl Rose, München: 13o, 18, 25o, 25u, 26, 32, 33, 34o, 34u, 38, 39, 42, 54, 55, 57u, 72, 79, 89, 93
Nachlaß Anton Trixl, Zirl: 15, 41, 63, 64, 73, 75, 76, 80o, 80u, 101, 106, 107
Rudolf Holzer, Sexten: 59u
Albert Tschurtschenthaler, Sexten: 8, 13u, 122
Josef Reider, Sexten: Umschlagbild
Benitius Rogger, Sexten: 112, 113
Christian Tschurtschenthaler, Sexten: 109, 110
ARCHIV DER DOLOMITENFREUNDE, Prof. Obst. Schaumann, Wien: 43, 46o, 46u, 47, 51, 52, 53, 92, 139, 140o, 140u, 141, 142
BAYERISCHES HAUPTSTAATSARCHIV — KRIEGSARCHIV, München; aus Bildsammlung Staudinger: 11, 29, 30o, 30u, 31, 128, 152
FAMILIENARCHIV DER GRAFEN WOLKENSTEIN-RODENEGG, Leonhard Graf Wolkenstein, Innsbruck: 83, 85, 86
KRIEGSARCHIV WIEN: 20, 21, 22, 23, 67, 102, 129, 130, 135, 136
RAINER MUSEUM, Salzburg: 10, 27u, 50, 68, 98, 138, 146, 150

Inhaltsübersicht

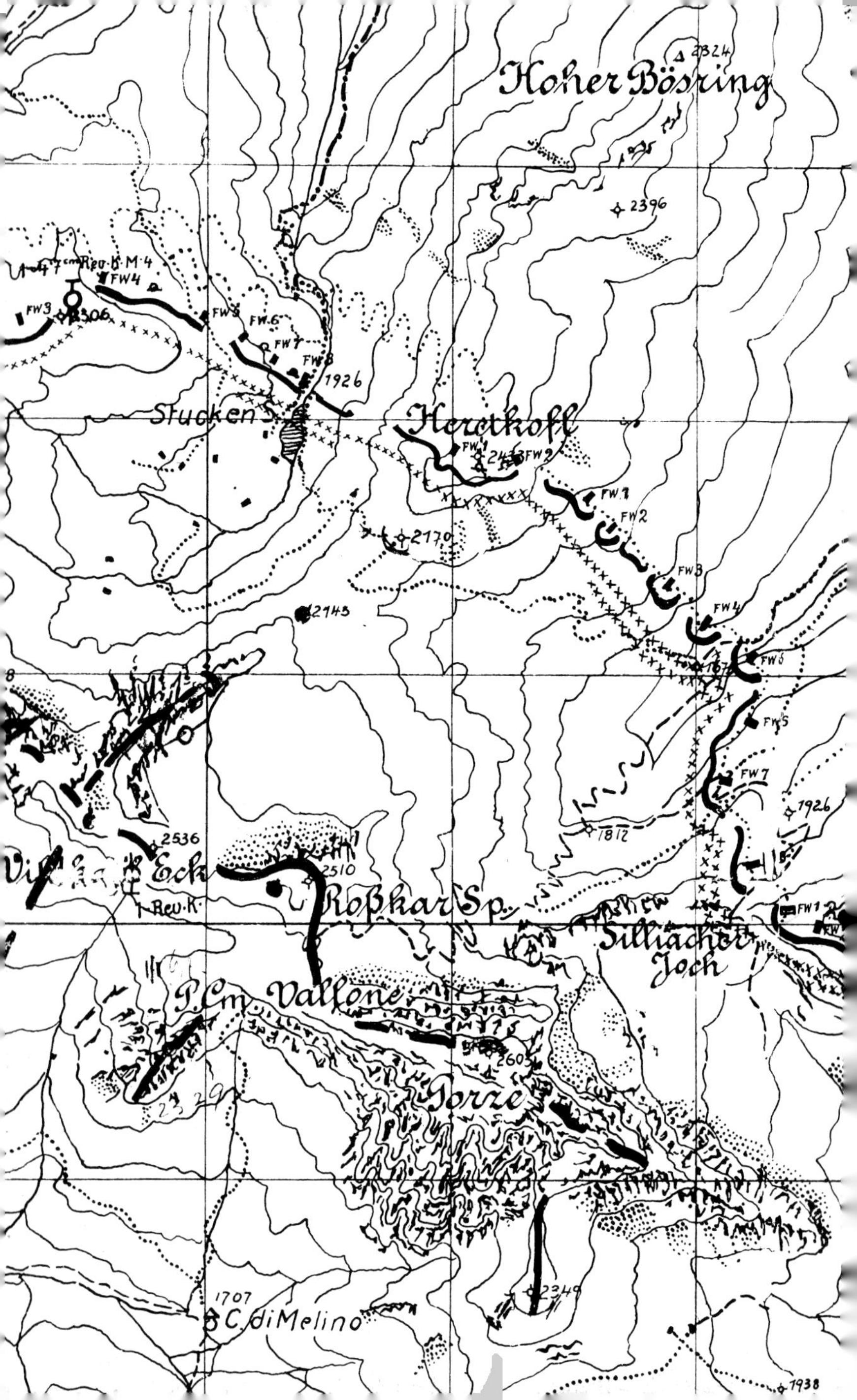

2324
Hoher Bösring
2396
Rev. K. M. 4
FW4
FW3
2306
FW5
FW6
FW7
FW8
1926
Stucken S.
Herrkoff
FW1
FW2
2170
FW3
FW4
FW6
FW5
FW7
1926
2143
1812
2536
Eck
2510
Roßkar Sp.
Rev. K.
Silliacher Joch
FW1
P. Cm. Vallone
2603
Gorze
2349
1707
C. di Melino
1938

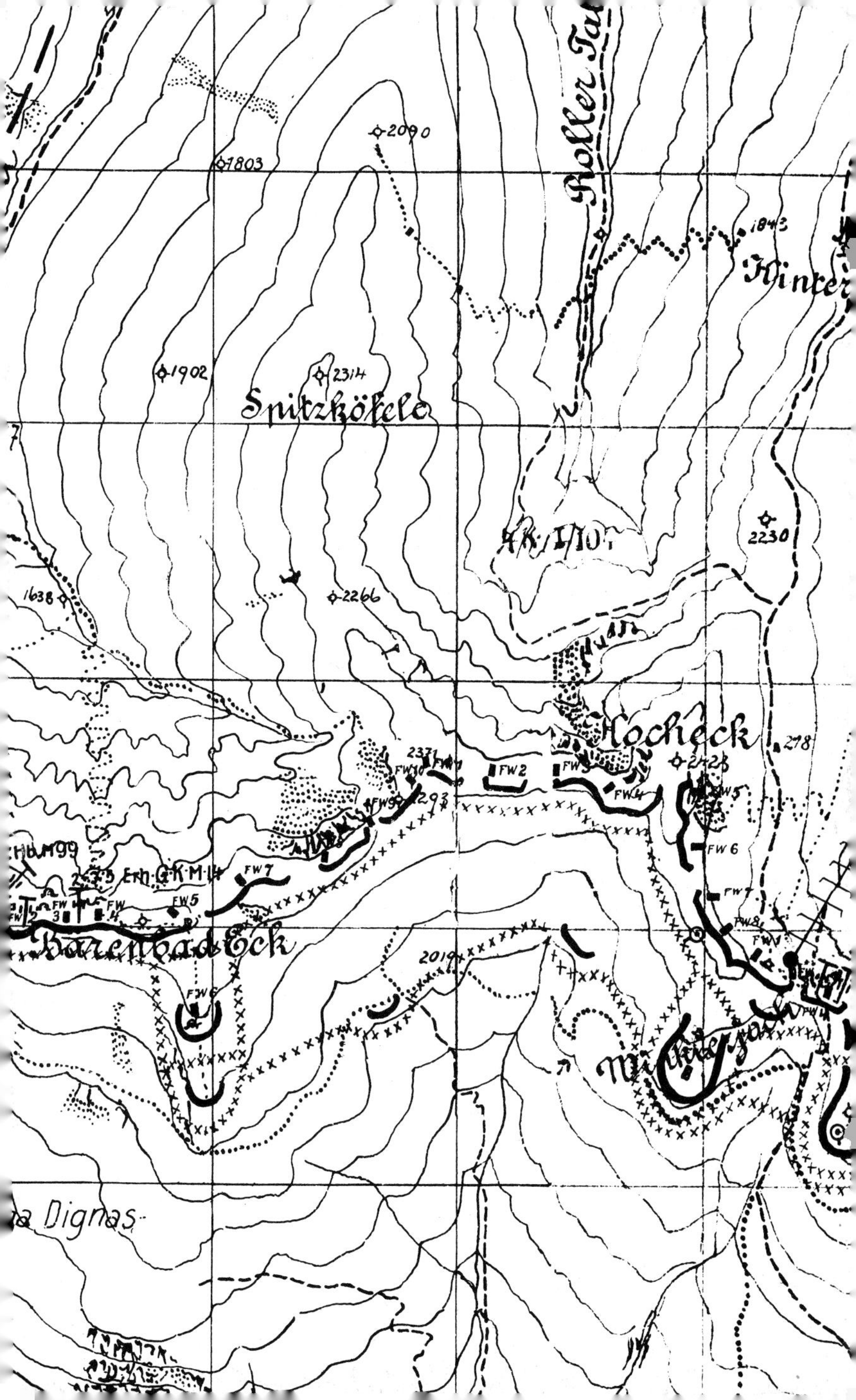
Roller Tal
2090
1803
1843
Hinter
1902
2314
Spitzköfele
2230
1638
2266
Hocheck
2371
FW 1
FW 10
FW 2
FW 3
FW 4
2428
FW 5
FW 9
2293
FW 6
FW 7
FW 8
2373
FW 7
FW 5
Bärenbad Eck
2019
FW 6
Dignas

Peter Kübler/Hugo Reider

Kampf um die Drei Zinnen

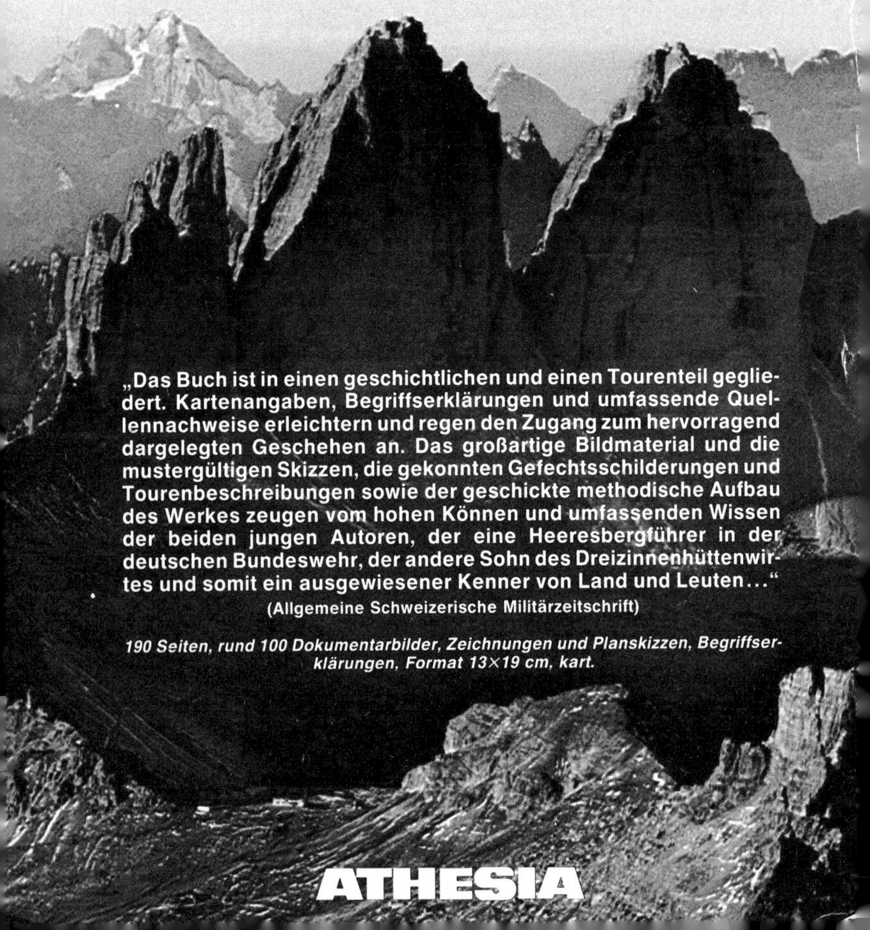

„Das Buch ist in einen geschichtlichen und einen Tourenteil gegliedert. Kartenangaben, Begriffserklärungen und umfassende Quellennachweise erleichtern und regen den Zugang zum hervorragend dargelegten Geschehen an. Das großartige Bildmaterial und die mustergültigen Skizzen, die gekonnten Gefechtsschilderungen und Tourenbeschreibungen sowie der geschickte methodische Aufbau des Werkes zeugen vom hohen Können und umfassenden Wissen der beiden jungen Autoren, der eine Heeresbergführer in der deutschen Bundeswehr, der andere Sohn des Dreizinnenhüttenwirtes und somit ein ausgewiesener Kenner von Land und Leuten…“

(Allgemeine Schweizerische Militärzeitschrift)

190 Seiten, rund 100 Dokumentarbilder, Zeichnungen und Planskizzen, Begriffserklärungen, Format 13×19 cm, kart.

ATHESIA